3ステップでもう挫折しない！

脱・三日坊主の資格勉強法

株式会社リンクアカデミー代表取締役社長 小栗隆志
資格スクエア代表 弁護士 鬼頭政人
著

中央経済社

はじめに

◉モチベーションこそが最重要テーマである

資格取得やスキルの習熟のためには、良い教材（何を学ぶか）や、良い講師（誰が教えるか）、良い学習環境（どこで学ぶか）など様々な要素が求められてきます。それらの要素を兼ね備えながら、いかにして効率的に知識を得るか、いかにして解答力を高めるかを指導することで、学習塾、キャリアスクール、通信教育などの教育産業は成り立ってきました。

昨今、この教育産業に変化が起きています。ＩＴ技術を通じて、教材、講師、環境のあり方が一変しました。良質な教材や講師の、金額的価値が下がってきているのです。かつては、カリスマ講師が、大きな教室で、集団指導するというモデルが一般的であり、そこに価値を見出して、受講生は多額の金額を払っていました。

しかし、現在ではこれまでの半値以下、ものによっては$\frac{1}{10}$以下の金額で、良質なコンテンツをＷＥＢ上で見ることが可能です。もはや授業を受けるということに対価を払うという感覚は少なくなっています。「何を、誰が、どこで」という要素の価値が減ってきているのです。

共著者である鬼頭氏が代表を務める㈱サイトビジットの「資格スクエア」というサービスも、これまで場合によっては100万円以上かかっていた司法試験向けの教育サービスを、半値以下の価格でWEBを通じて指導しています。しかも、そのWEBは個々人に向けてカスタムメイドすることができ、オリジナルの教材としての利用もできます。学習環境としてもどこでも学ぶことができます。このような新興系の教育会社は、EDUTECH（Education×Technologyの略語）というキーワードの流行とともに、次々と立ち上がっています。時代の趨勢《すうせい》を見ると、この流れは今後も変わることはないでしょう。

このように、教育産業の価値のあり方が変わってくる中で、逆に重要度が増してきている要素があります。それは、「誰が教えるか、何を学ぶか、どこで学ぶか」ではなく、「どのように学び続けるか」、すなわち学習モチベーションをいかにして維持するかということです。

これまでの教育業界においては、「いかに学び続けるか」は本人のやる気次第であり、教育サービスを提供する側としては二の次とされてきた観点ではありません。しかし、手軽に気軽に学べる昨今の状況下においては、相対的に学び続けようという感情を維持することが最も難しい要素になります。詳しくは本書の中で後述します。

キャリア創りのための勉強という作業は当然楽なものではありません。「友達と遊んでいたい」、「自分の好きな映画を見たい」などの欲求を横において机に向かい、難問や難作業に四苦八苦しながら取り組んでいかなければなりません。愚直に自分を律しながら、それを継続できた者だけが栄光を手に入れることができます。

しかし、人間はそんなに高尚なものではなく、自分の感情が赴くままに、易《やす》きに流れる感情人であると思っています。勉強に向かおうとするエネルギー、いわゆる学習モチベーションというのは一定ではなく、必ず上下します。学習モチベーションを上手くコントロールするスキルこそが、自分の目指すキャリアを実現するために必要なスキルでしょう。

◉モチベーションエンジニアリングを活用する

㈱リンクアカデミーの親会社であり、私も取締役を務めている㈱リンクアンドモチベーションは2000年に創業した会社です。「モチベーション」という本質的であるけれども、これまであまり注目されていなかったテーマに光をあてて、企業組織の変革コンサルティングを行ってきました。時代の後押しもあり、クライアント企業から多くのお声がけ

■モチベーションエンジニアリング

＜変革技術の基本フレームワーク＞

凝り固まった現状や意識を解きほぐす。　方向性を決めて変化を促す。　後戻りしないように定着させる。

をいただき、2008年の東証一部に上場後も、現在まで順調に成長させていただいています。

㈱リンクアンドモチベーションでは、「より良い成果を出したい」、「自分を成長させたい」、「良い暮らしをしたい」という個々人にある様々なモチベーションを束ねて、組織を活性化させたり、望ましい行動を継続させたりするノウハウを〝モチベーションエンジニアリング〟としてナレッジ化しています。

モチベーションエンジニアリングは、モチベーションという見えづらいものを可視化する「診断技術」と、その結果を踏まえて行動につなげる「変革技術」で構成されています。その変革技術における基本フレームワークとして、アンフリーズ（UNFREEZE　解凍）→チェンジ（CHANGE　変化）→リフリーズ（REFREEZE　再凍結）という3ステップを活用することを提唱しています。

何か現状を変えようとするときは、現状の凝り固まった状態や意識を、氷を溶かすかのごとく解凍し、方向性を決めて変化を促し、後戻りしないように再凍結させるステップが大事であるという考え方です。何かを変えようとすると、チェンジからスタートすることが一般的ですが、強引に変えようとすると、たいてい失敗します。人は現状を変えようとすることに抵抗する傾向があるからです。

本書も、このステップで構成しています。まずは、なぜ変わることが大切なのか、そのためにどのような考え方を持つべきなのか、というアンフリーズ（解凍）のステップを挟むことで、より自分が行動する目的が明確になり、自己変化に向けたやる気を高めることができます。そして、具体的に変わる（チェンジ）ために、どのような計画を立てればよいのか、その際に何に気をつけなければならないのかを知ることで、目標と行動計画が定まります。最後に、その行動を定着（リフリーズ）させるために、自分をいかにルール付けしていくか、もしくは環境を整備するかを検討することが重要です。

また、本書の共著者であり、私のビジネスパートナーでもある鬼頭氏に、項目ごとに実務的なコメントを頂いております。鬼頭氏は、開成高校、東京大学、司法試験という国内での難関試験を華麗に突破してこられた受験のスペシャリストです。氏は、弁護士としてのキャリアスタート後、国が所管する政府系投資ファンドの仕事で活躍されました。様々な企業経営者と向き合う中で、自らリスクを取ってビジネスを動かすダイナミズムに触れ、起業する決意をされたと伺っています。自らの経験を活かしたい、資格を取ることで誇りを持って仕事をする人を増やしたいという想いから、5年前に資格試験対策事業「資格スクエア」を創業されました。

鬼頭氏も、はじめは動画をオンライン化して提供するサービスでしたが、サービスを運営するなかで、勉強の本質について見識を深め、たどりついたのは、結局、授業よりも「自らで学びを持続させる」自学自習が大切、という真理だと伺っています。鬼頭氏のこれまでの実践的な経験と、資格スクエアで臨床的に形式知化されたノウハウも併せて提供させていただくことで、多面的に私たちの想いがお届けできると確信しています。

執筆者を代表して、より多くの方が本書を通じて挫折することなく自らの願望を実現するきっかけを手に入れることを願っています。

小栗　隆志

目　次

第2章 CHANGE 計画を定め、行動を変える

第3章　REFREEZE　行動を定め、持続させる

本書の構成

本書は、リンクアカデミーの小栗隆志と資格スクエアの鬼頭政人がそれぞれのデータと実績に基づき、勉強法について述べています。三日坊主にならない勉強法には共通点があります。ぜひ、それらを見出しながら読み進めてください。

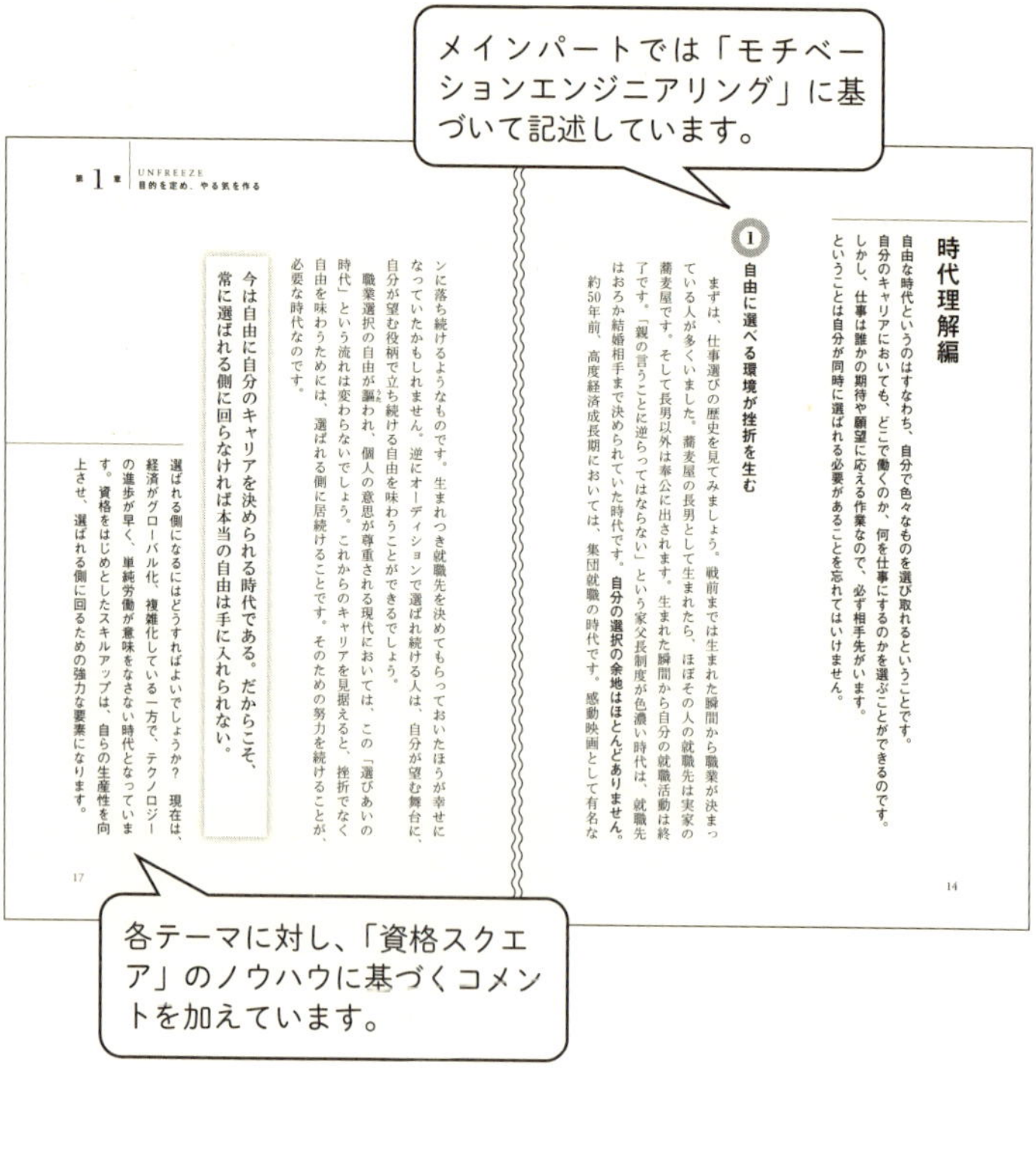

第1章

UNFREEZE

目的を定め、やる気を作る

この章は、「自分のキャリアを高めるために何かを始めなければ」と悩んでいるけど、いま一歩踏み出すことに躊躇《ちゅうちょ》している人に向けた章です。この章でのポイントは、今の私たちが生きている時代とその中で活動する人間の特性を知ることです。

現代の私たちには、50年前と比べたら無限の選択肢があります。その選択肢の中から何を選び取り、自分をどのように創り上げていくかは自分しだいです。その意味では自由な時代と言ってもよいでしょう。しかし、大海に浮かぶ小船のように自由にどこでもいけるという状況は逆に、どこに向かうべきかの決断を常に突きつけられます。その決断が正しいのかどうかに迷い、一歩踏み出すことを躊躇している人もいるのではないでしょうか。

そんな時は、自分自身を引いた視点で見つめてみる、または未来や過去から自分を眺めてみることをお勧めします。船の上から見える世界には限界があります。いま私たちが生きている世界を俯瞰《ふかん》的に見ることで、自分が一歩を踏み出す先が見えてきます。また、時代は常に進化しています。自己研鑽《じこけんさん》における技術や考え方も同時に進化しているのです。未来に向けた変化を見ながら自分の羅針盤《らしんばん》を定めることができれば、安心感も生まれてくるでしょう。

さらに、キャリアを高める活動には必ず苦労も伴います。夢を見ることはたやすいものです。しかし、多くの人がその途上で挫折をしてしまっていることも事実です。せっかく時間やお金を投資したにもかかわらず、挫折をしてしまってはただの浪費です。人間の意志はそんなに強くありません。

三日坊主という言葉の語源は諸説あるようですが、この言葉が示すとおり、お坊さんになって、皆に尊敬される人間になろう、人間として成熟しようという願望がありながらも、規則正しく自分を律する生活から逃避してしまう人間の悲しい性《さが》は昔からあったようです。しかも、現代はこの言葉が流通し始めた頃よりも、もっと挫折しやすい環境にあります。

人間の性を理解しておくことも、一歩踏み出すための勇気に繋《つな》がるでしょう。

時代理解編

自由な時代というのはすなわち、自分で色々なものを選び取れるということです。自分のキャリアにおいても、どこで働くのか、何を仕事にするのかを選ぶことができるのです。しかし、仕事は誰かの期待や願望に応える作業なので、必ず相手先がいます。ということは自分が同時に選ばれる必要があることを忘れてはいけません。

1 自由に選べる環境が挫折を生む

まずは、仕事選びの歴史を見てみましょう。戦前までは生まれた瞬間から職業が決まっている人が多くいました。蕎麦屋の長男として生まれたら、ほぼその人の就職先は実家の蕎麦屋です。そして長男以外は奉公に出されます。生まれた瞬間から自分の就職活動は終了です。「親の言うことに逆らってはならない」という家父長制度が色濃い時代は、就職先はおろか結婚相手まで決められていた時代です。**自分の選択の余地はほとんどありません。**

約50年前、高度経済成長期においては、集団就職の時代です。感動映画として有名な

「ALWAYS～三丁目の夕日～」で青森出身の女の子が、集団就職で上京した上野駅で、街の自動車工場を経営する社長と出会うシーンをご覧になられたでしょうか。自動車修理が得意という履歴書を見て採用を決めたのですが、実は履歴書には自転車修理と書いてあったというオチがありましたが、当時は選ぶ側も選ばれる側もその程度の選択でした。都市の発展や工場化に伴い働き場は多様化しましたが、選択の余地は限られていました。地方の学校の先生が、何とか行き先を見つけて送り出すという形が一般的でした。

約30年前、バブル前後の時期においては、人脈と学歴がものを言う時代です。当時のドラマや映画を見ていると、面接において旧帝国大学出身の人とそれ以外の人では明確に差別されていたことがわかります。また、ゼミや部活の先輩がリクルーターとなる採用活動が主流でした。当時の学生は、いい会社に入るためにはいい大学にいくこと、いいゼミに入ってコネクションを獲得することが、自分が望む仕事に就く条件でした。それ以外は、リクルート社を代表とする採用広告会社によって発行される求人本から自分の希望の会社を選択し、履歴書を同封して応募するという活動です。今から考えれば結構な労力を要する作業ですが、それまでの時代よりは自分の選択肢は広がっていきました。

21世紀に入ってからは状況が一変します。仕事選びの世界でもインターネットが主流となり、誰でもクリック一つで応募することができるようになります。企業においても、学歴で選ぶのは時代遅れという風潮が広まったことも重なって、平等に応募するチャンスまでは与えられるようになりました。**まさに自らの意思で就職先や仕事を選べる時代の到来です**。蕎麦屋の息子は蕎麦屋の時代から考えると本当に自由な世の中になりました。

一方で、この頃から「内定ホルダー」という言葉がはやり始めました。内定をたくさん持っている人のことを指した言葉ですが、魅力的な人は多くの企業から声をかけてもらえる一方、内定をまったくもらえない層も増えてきました。いわゆる二極化です。選べる時代というのは、アイドルグループの人気投票のように圧倒的な得票数で勝つ人と、まったく票をもらえない人の差を広げていくのです。

自分で自由に選べるようになったということは、相手も自由に選べるようになったということです。その中で意思を実現するためには、自分が選ばれる側に回らなければ選択肢はなくなります。もっと言えば、手が届きそうで届かない選択肢が増え、渇望感《かつぼうかん》だけが高まります。生まれつき仕事が決まっていれば手を伸ばそうともしないので、渇望感も何もないのですが、自由だからこそ、それを手に入れられないことで挫折を味わいやすくなるのです。

このように、自分の意思で自由に選べるようになった時代というのは、同時に、**選ばれるための努力が求められる時代ということ**です。選ばれないということは、オーディションに落ち続けるようなものです。生まれつき就職先を決めてもらっておいたほうが幸せになっていたかもしれません。逆にオーディションで選ばれ続ける人は、自分が望む舞台に、自分が望む役柄で立ち続ける自由を味わうことができるでしょう。

職業選択の自由が謳《うた》われ、個人の意思が尊重される現代においては、この「選びあいの時代」という流れは変わらないでしょう。これからのキャリアを見据えると、挫折でなく自由を味わうためには、選ばれる側に居続けることです。そのための努力を続けることが、必要な時代なのです。

今は自由に自分のキャリアを決められる時代である。だからこそ、常に選ばれる側に回らなければ本当の自由は手に入れられない。

選ばれる側になるにはどうすればよいでしょうか？　現在は、経済がグローバル化、複雑化している一方で、テクノロジーの進歩が早く、単純労働が意味をなさない時代となっています。資格をはじめとしたスキルアップは、自らの生産性を向上させ、選ばれる側に回るための強力な要素になります。

2 その仕事で食べていくことはできない

今の学生は、何歳まで働くことを想定しているのでしょうか？　結論から言うと80歳まで働くことが求められると言われています。今の30代の人も、あと40~50年は働くことを求められる可能性があります。国が発表している予測によると、今から約40年後には2・5人に1人が65歳以上の高齢者となり、4人に1人が75歳以上です。

さらには、2045年には医療技術の進展に伴い、平均寿命が100歳に到達する可能性もあると言われています。今の年金受給タイミングが65歳で、このままだと仮定すると、今の20歳の人は労働者として税金を納める時代が45年、高齢者として税金をもらう時代が35年になります。教育期間である20歳までを加えると、人生の中で50％以上の期間が税金を払うよりも、税金によってメリットを享受《きょうじゅ》することが多いということになります。

今の制度を続けていたら間違いなく国は破綻《はたん》します。国際経済の中での活力も奪われていくでしょう。これまで働いていなかった主婦層の職場復帰や、外国人労働者を積極的に受け入れることなども検討していますが、この状況を解決するために一番手っ取り早いことは、人が働く期間を長くして、できるだけ長く税金を納める側に回ってもらうことです。

おそらく、医療技術も発展しているので、年をとっても健康に活動できる人の割合も増えていることが予想されます。今の80歳の方々をイメージして「あの体力になっても働くのか…」と気がめいることは必要ないかもしれません。しかし、今の学生は60年間選ばれる個人であり続けなければならないのです。

60年間選ばれ続けるスキルとは何でしょうか？　今から60年前の1960年前後を遡《さかのぼ》ってみましょう。産業であればまだ石油産業よりも石炭産業の方が栄えていた時代です。求められていたスキルといえば最新の石炭採掘技術でしょうか。まだ電卓もできていないので、経理の方々は算盤《そろばん》スキルが必須です。これらのスキルは今の時代において必要ないとは言いませんが、主流でないことは理解いただけると思います。

では、**今から60年後はどのようなスキルが求められているのでしょうか？**　英国オックスフォード大学の准教授は今後10～20年程度で、米国の総雇用者の47％の仕事が自動化されるリスクがあると言っています。人工知能や自動ロボットの発展に伴って、今の半分近い仕事がなくなるのです。そう考えると60年後は想像もつきません。たとえ、公務員というキャリアを選択したとしても、国の方針しだいでは、人口減少がスタートした日本において公務員の数の縮小を迫られ、公務員難民が溢《あふ》れていることも考えられます。

昔のように「この仕事で食べていく！」ということはよっぽど尖《とが》った専門スキルでもない限り難しいと考えた方がよいでしょう。学校教育もようやくプログラミングの重要性に

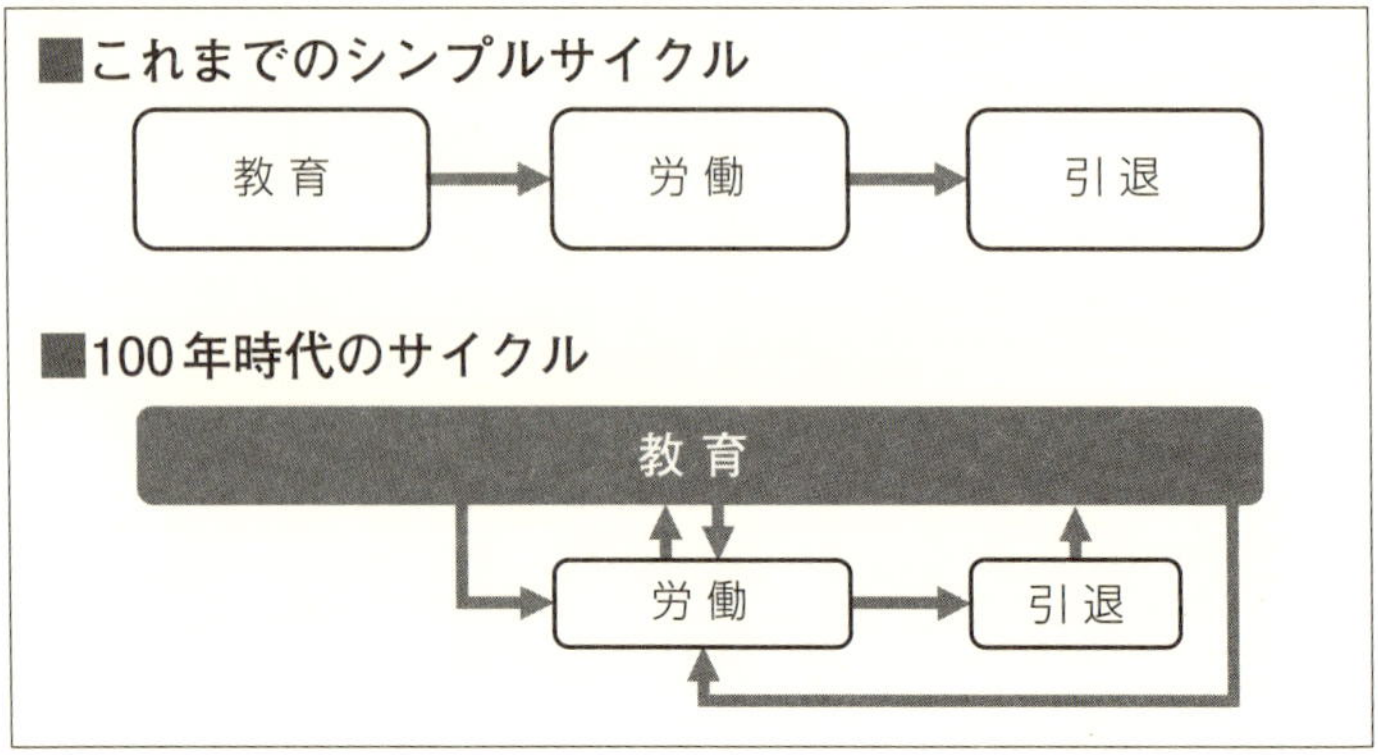

気づき、教育課程に取り込み始めたレベルです。公教育だけでは、今の時代を生き抜く力を手に入れることは不可能です。「どうせ何が大事かわからないからその時考える」という判断も難しいでしょう。先述のようにその時代が到来した時に選ばれなくなるからです。そのような時代において選ばれ続けるためには、自らの意思で、時代の少し先を見越してアップデートし続けることが求められます。

ロンドンビジネススクール教授のリンダ・グラットン氏が、その書籍『ＬＩＦＥ ＳＨＩＦＴ（ライフシフト）―１００年時代の人生戦略』（東洋経済新報社）において、人生は１００年時代に突入すること、「教育」「労働」「引退」という人生のシンプルサイクルは成立しなくなることを謳《うた》っています。学んで、働いて、後は余生を楽しむという人生ではなく、それら三つの要素を同時的に実行していきながら、ネットワークやスキルの幅を広げ続けることこそ、100年時代を自由に渡り歩くコツであるということです。

これからの時代を生き抜くためには、現在働いている人は、仕事を通じて得られるスキルだけではなく、その先を見据えて、**自分のスキルをアップデートし続ける必要があること**、今、勉強に注力している人は、その勉強だけでは一生を保証してくれるものではないことを理解しておきましょう。

自分のキャリアには賞味期限がある。賞味期限が切れることを予測して、自分を磨き続けることを常に考えなければならない。

弁護士は法律資格の最高峰と言われていますが、近年では人数も増え、また、将来ロボットに代替されるのではないかとも言われています。私は弁護士にはロボットに代替されない価値があると考えていますが、少なくとも弁護士資格を取るだけで安泰、という時代ではないのです。不断のスキルアップが必要なのは、どの職業でも同じです。

3 運命の仕事なんてない

これから新しい仕事を見つけようとしている人や、まったく新しいキャリアを手に入れようとしている人にとって、選ばれる人になるためにはどのような心構えが必要かについてお伝えします。私は毎年、新入社員を採用するために、3、000人以上の人に対して説明会でプレゼンテーションを実施し、100人近い人に対して最終面接を実施しています。

その中で、「どのようにキャリアを見つければよいのか」、「自分に向いている仕事は何か」という学生からの投げかけに対して、「あなたにとって運命の仕事などない」というメッセージを毎回送っています。こう伝えると夢と希望を持って活動している就活生にとってはショッキングかもしれませんが、就活生のためにあえて伝えています。

就職活動中の学生と向き合っていると、自分に合った仕事、自分が幸せになる仕事を見つけるために、自分とはいったい何者なのかを分析する、いわゆる自己分析を徹底的にしている人が結構います。ある程度の自分の特性を知るために過去を掘り下げることは大事かもしれませんが、行き過ぎると弊害《へいがい》になる場合があります。

それは、**「自分を徹底的に見つめれば、必ず運命の仕事が見つかる」という幻想を抱いてしまう**ということです。そして、残念ながら希望の仕事に落ちてしまった場合、「別の

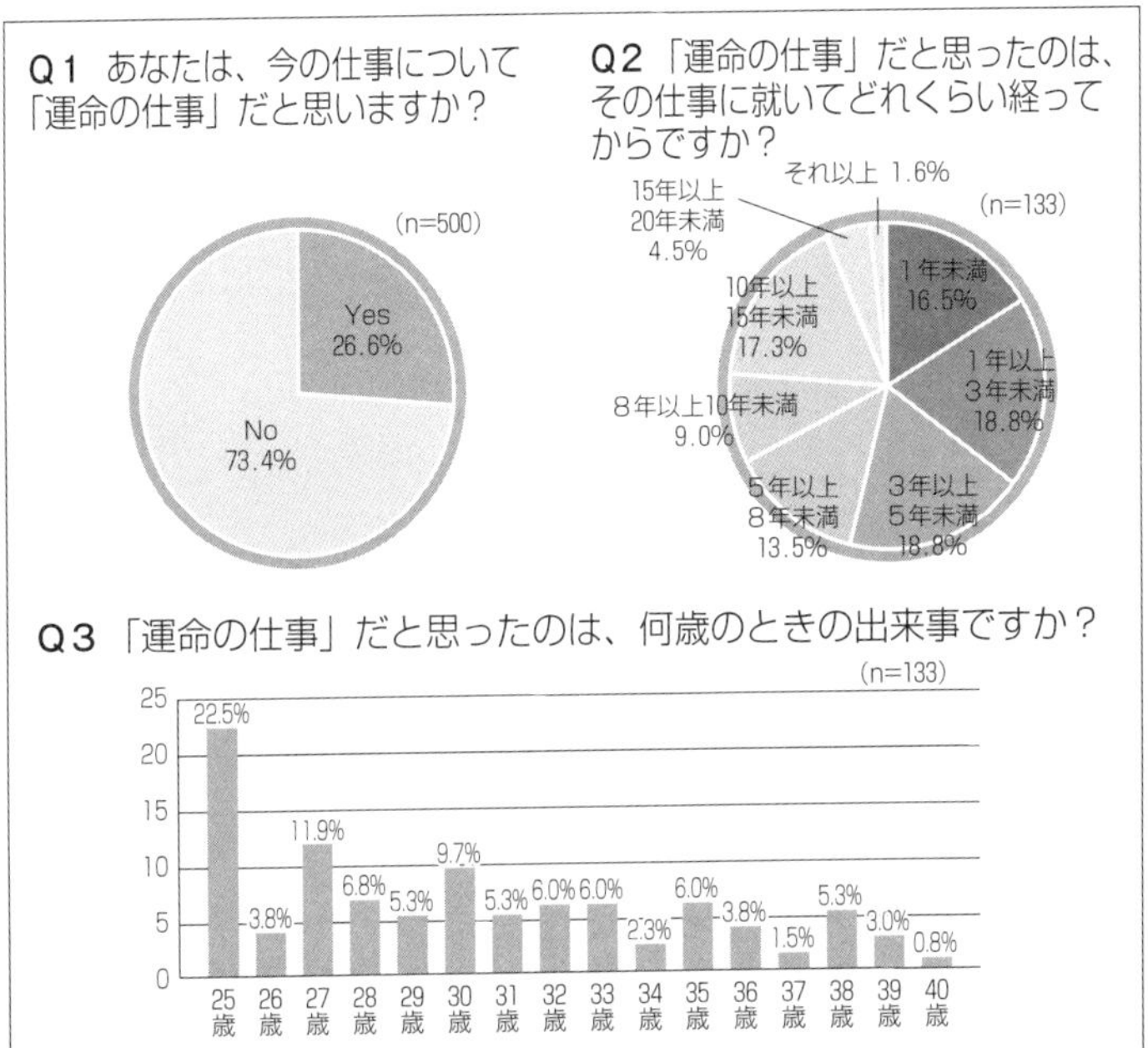

【出典】https://next.rikunabi.com/01/unmei_shigoto/unmei_shigoto.html

道に進むと不幸になるので就職浪人する」という意思決定をする人もいます。

　では、果たして運命の仕事などあるのでしょうか？　たとえば、自己分析の結果、これだ！　と思った仕事が、前述の人工知能によって奪われる仕事だった場合どうなるのでしょうか？　奪われた先は絶望しか残らなくなります。

　運命の仕事というものは、苦しみながらも一生懸命に働いて成果を残し、ある程度周りからも認められて一人前になった時、振り返ってみると運命の仕事だったと言えるものなのではないでしょうか。「運命の人」も同様でしょう。二人で喜び苦しみを分かち合い、葛藤《かっとう》を乗り越えて、死ぬ間際になってはじめて「あなたは運命の人だった」と言えるのだと思います。その意味で言うと、運命の仕事や人というのは目の前に存在するのではなく、運命にするべく努力した結果、最後に実感できるものなのだと思います。

そういった思いから「『自分探し』はほどほどにして、自分をいかに磨くか、『自分創り』に時間をかけるべきである」という意味をこめて、「運命の会社なんてないよ」と伝えています。さらには、どの会社に入ろうとも、誰の部下になるか、どのような仕事を任されるか、その会社は絶対に安全かどうかは不透明であり、絶対に透明になることはありません。その意味では先の見えない暗闇に向かって飛び込む覚悟も求められてくるので、「最後は『賭《か》け』の要素は必ず残るよ」とも伝えています。

ただし、賭けに勝つかどうかはわかりませんが、**勝率を上げることはできます**。それは決して、自分探しではなく自分創りであるはずです。自分のキャリアに悩んだら、最後は自分の直感を信じてまずは覚悟を決めて何かに取り組んでみること、そして、その選択を正解にするべく最大限の努力をすること。そうしたら自ずと自分の中に知識やスキルが蓄えられていき選ばれる可能性が高まりますし、次のステップに向けた足がかりになります。

これから何を勉強しようか悩んでいる人であれば、あれこれ悩み続けるくらいなら、**自分を磨くために、まずは一歩踏み出してみる。そして、そこから次のステップを考えるくらいの心構えを持っておく**ほうが賢明《けんめい》です。自分を創っていくプロセスの中に答えがありますから。既に勉強を始めて間もない人は、「この道が正しかったのだろうか…」と思い悩みながら勉強を続けることはもったいないことです。「やると決めたからには、行けるところまでいく」という想いで取り組むことが道を切り開いていきます。

運命は結果論である。正解を探すことに時間をかけるのではなく、正解を作ることに時間をかければ、結果それが運命となる。

仕事をすぐに投げ出してしまう人は、残念ながら少なくありません。自分に適性がない、つまらない、というのがその理由でしょう。でも、仕事を通じた自分創りは、どの仕事でも可能です。すべては自分の姿勢、心のもち方次第です。目の前の仕事に一生懸命取り組むことで道がひらけてくるのです。

4 足し算ではなく掛け算でアップデートする

すでに何かしらのスキルや知識を身につけている方は、どのような考え方でアップデートすることが必要かについてお伝えします。ちょっと話はそれますが、私が代表を務めているリンクアカデミーは、資格やスキルをトータルに支援するキャリアスクールです。2011年に親会社であるリンクアンドモチベーションへグループインしたアビバと、2013年にグループインした大栄教育システムを統合する形で2014年からスタートしました。アビバや大栄は今もサービスブランドとして展開しています。

パソコンスキルを提供するアビバは、1990年代後半から2000年にかけてCMで見ない日はないほどブランディングに力を注いでいました。今の30代以上の方々であれば、ドリフターズの加藤茶さんが登場して「ア～ビバビバ！」と叫ぶCMを覚えておられる方も多いのではないでしょうか。当時は教室数も全国で300教室を超え、パソコンスクール市場の中でも圧倒的な成長を見せていました。1995年にマイクロソフト社からウィンドウズ95が発売され、「パソコンはこれからの時代の必須アイテムだ！」というムードが漂っていた頃でもあり、時代に取り残されまいと多くの方々がパソコンを購入し、その操作方法を学びにアビバに通われました。

最初の頃は、「このリンゴのようなマークを押したら電源が入ります」など、パソコンの立ち上げ方に始まり、マウスの使い方や、シャットダウンの仕方なども丁寧に教えていました。その次がブラインドタッチの指導です。指の置き所、どの指でどのボタンを押すのかなどを指導しています。そこからようやくワードやエクセルなどの指導に入ります。まずはパソコンに親しみたいという願望に応えるサービスでした。

しかし、昨今は相談の内容が徐々に変化してきています。エクセルのどのような機能を活かせば、仕事の生産性を高めることができるのか、経理事務であれば、営業事務であればなど、私たちも現実の仕事シーンを掛け合わせた指導ができるよう講座ラインナップも変化させてきました。労働時間の短縮という近年の産業界のテーマを捉えた内容の変更です。

今の時流を捉えて、PCスキルと現在の仕事シーンをより細かく掛け算したことで、そのスキルを必要とする人の共感を得ることができました。他の例で言えば、公務員試験に合格した人で、自分のバリューアップのために英会話の講座を選択する人が増えています。特に市役所の窓口で使われるような英語を中心に学んでいただいています。地方の市役所等で働く公務員においては、観光客や住民が増えるなど地域活性化がテーマになっています。当然、外国人労働者や観光客相手の対応も求められてくるでしょう。観光立国や外国人労働者という現代のテーマを捉えて、知識やスキルをアップデートしているのです。

自分自身のキャリアをアップデートするためには、今の社会におけるトレンドを押さえることが大切です。新聞を見れば、保育や介護、VR（バーチャルリアリティ）や、人工知能、観光産業、労務管理、フィンテックやHRテック、セキュリティなど今の時代を表すトレンドワードをつかむことができるでしょう。

自分のキャリアを考える時間軸をのばしてみたら、今学んでいるもの、もしくは学ぼうとしているものだけでは、賞味期限がいつか切れるということを理解しておいてください。皆様がこれまで習得してきたスキルや知識は何なのか、そしてそれに何を掛け合わせていけばさらに選ばれる存在になるのか。すでに学び終えて働いている人、その中でも活躍されている方と接点を持って聞いてみてもよいでしょう。キャリアカウンセラーと相談してもよいかもしれません。時代を見据えて、自分自身が身につけるべき今後のキャリアストーリーを考えてみましょう。

ただし、その際に注意したいことがあります。それは、掛け算をするための元となる自分のスキルや経験資産が少ないと、結局、中途半端に終わってしまうということです。まだ半人前の状況で、0・5に何を掛けても効果は半分になってしまうことと同じです。勇者が登場するロールプレイングゲームでも、転職できるのはある程度のレベルになってからです。中途半端な体力やスキルのまま転職しても、また一からやり直すようなものです。

もし、これから自分のキャリアを高めようと考えている人は、**自分自身の中で元値となる、自分自身のキャリア資産を身につけること**です。それが、何かしらの資格を伴う仕事なら最低でもまずは合格することが大事です。それが社会人最初の仕事であるならば、もしかしたら自分にとっては不本意なキャリアスタートかもしれません。しかし、将来を自由に選ぶことができる自分になるためにも、まずは世の中から与えられた目の前の課題に注力して、一人前を目指すことが大切です。

キャリアは掛け算。掛けられる元の値が小さければ影響は小さい。自分にあるキャリア資産は何かを見つけて、それにレバレッジを掛ける。

資格試験の合格はゴールではなくスタートである。私がいつも言い続けていることです。資格を取っただけでは単なるスタート。そこからどのようにしてキャリア資産を積み上げていくか、ということが重要です。しっかりと、愚直に経験を積み上げて、一人のプロとして働けるようになること。そうすることでキャリアの掛け算が初めて活きてくるのです。

5 選ぶ側の視点に立ってみる

選ばれる存在になるためには、自分が目指している仕事やキャリアが選ばれやすいかどうかを知っておくことも重要です。たとえば、一般事務職という仕事。いわゆる典型的なオフィスワークですが、快適な環境で仕事できる、接客等の立ち仕事ではない、自分にとってスキルが手に入れられそうなどの理由で一定の人気があります。ただし、希望者1人あたりの求人案件数を示す求人倍率は0・5倍を切っています。一つの席に複数人が希望している状態です。

企業側が選びやすい環境にあるので、当然に働き手としては厳しいセレクションになります。ＰＣ操作スキルはもちろんのこと、実務経験やコミュニケーションスキル、企業や役割によっては語学力や会計の知識等も求められてくるでしょう。**選ばれる存在になるためには、自分自身に、経験やスキルを蓄えていかなければなりません。**

弁護士や税理士、行政書士などのいわゆる「士業」も同じです。資格を取ったら安定した職につけると思って頑張って勉強し、無事に資格を取ったとしても、そこからさらに選ばれるための競争が始まります。税理士や行政書士などが独立するためには、安定的に顧客を獲得することが必要です。成熟期に突入している日本では、「士業」はやや飽和《ほうわ》状態

■職業別一般職業紹介状況［実数］(常用(除パート))(平成29年9月)

	有効求人	有効求職	有効求人倍率
専門的・技術的職業	345,406	162,202	2.13
事務的職業	143,937	346,664	0.42
販売の職業	179,080	99,493	1.80
サービスの職業	301,522	108,387	2.78
保安の職業	48,248	6,575	7.34
農林漁業の職業	10,215	7,820	1.31
生産工程の職業	189,711	119,986	1.58
輸送・機械運転の職業	106,086	45,959	2.31
建設・採掘の職業	103,173	23,571	4.38
運搬・清掃・包装等の職業	80,597	142,703	0.56

【出典】http://www.mhlw.go.jp/stf/houdou/0000181585.html

にあります。看板を出したらすぐに顧客が集まるなんてことはまずありません。

一般的には先輩の事務所に入って丁稚《でっち》業務にあたり、先輩が引退するタイミングで事務所を引き継ぐか、ありがたくも顧客を分けてもらって独立するかによって、自分の城をかまえることができます。独立しても顧客は安定するわけではなく、営業活動によって顧客を獲得しなければなりません。選ばれるためにはコミュニケーション力やマーケティングに関する知識や経験が必要になってきます。人脈を創ることも重要でしょう。

なかなか組織になじめないという理由で、「資格を手にして自由に仕事を」と考えている人も多いですが、やっぱり人間相手の仕事なので、そこまで自由に活動することはできません。結局は事務所や一般企業に入って組織人として活動するか、実家にお世話になりながら細々と活動するという選択になります。いずれにせよ試験に合格してからが、選ばれる存在になるための本当の勝負です。
一方で、**選ばれやすい職業というのもあります。**昨今でいうならＩＴ技術者でしょう。ＳＥやプログラマー、ＷＥＢデザイナーなどです。求人倍率は2倍です。企業側は常に人が枯渇《こかつ》している状態です。未来永劫《えいごう》にわたってその状態が続くかどうかはわかりませんが、様々なものがＩＴ化する時代においては、最新技術をキャッチアップさえしていれば、選ばれやすい存在になることはほぼ間違いありません。

企業の中においても同じです。企画系や大手企業担当営業などの花形の仕事は、たいてい皆が憧れる役割ですし、優秀な人材が揃っているので選ばれる存在になるためには、かなりの努力が必要になります。一方で、皆がやりたがらない仕事においては、そこまで競争も激しくなく、手付かずの仕事や、生産性の低い仕事が残っていたりします。むしろそこで古い慣習を刷新《さっしん》して新しい成果を挙げれば、簡単に社内で注目を集めることができます。

将来的に、自分の望むキャリアを実現するためにも、まずは選ばれやすい環境で成果を挙げ、経験を積んでから次のステップに進むという方法もありますし、やってみたら実は自分に向いている仕事だったということもよくある話です。

競争の厳しい環境で選ばれ続けるというのは至難の業です。将来にわたって自分が選ばれる側に回るためにも、「皆に人気がある仕事だから」とか「今のスキルでも何とかなりそうだから」などの理由で競争の激しい仕事を目指すのではなく、ちょっと引いた視点で社会を眺めて、競争が少ない環境に向けて自分をスキルアップさせ、そこで突き抜けてみるということで自由が得られることも多いものです。

キャリアというのは、希少性によって評価される。どのようなスキルや経験を身につければさらに希少性が高まるのかを考える。

キャリアの掛け算によって希少性を高める、という考え方もあります。たとえば、弁護士であっても、今は弁護士であるだけでは差別化できません。でも、弁護士×エンジニア、弁護士×研究者など、弁護士と一見して離れたものを組み合わせることで、希少性を確保することができます。自分がどのような掛け算でキャリアの希少性を高めていくかを考えてみましょう。

人間理解編

「夢は逃げない、逃げるのは自分だ」という言葉があります。誰しも、「こういう自分でありたい」という願望を持っています。しかし、それを成し遂げるまでの道のりは決して易しいものではありません。人間は弱い生き物であるということを理解し、その上でどのように対処するかを考える必要があります。

6 キャリア創りは山登り

いきなりですが、私の恥ずかしい過去を披露したいと思います。私が、はじめて公教育以外の教育機会に接したのは、小学校時代の授業補講用の通信教育でした。我が家にダイレクトメールが届き、それを開けてみるとちょっとした漫画が入っています。勉強ができない、スポーツにも自信がない、クラスの中でもぱっとしないといったうだつのあがらない男の子が、ある通信教育を受けたら、勉強ができるようになり、それが自信につながり、クラスの中でもヒーローポジションを獲得したというストーリーだったと思います。

その漫画に心を奪われた私は、母親に頼み込み、その通信教育を始めることにしました。

教材が届いた日は若干の興奮を覚えたものです。ダンボールから教材を取り出し、早速勉強しました。最初のうちは一生懸命取り組んでいたのですが、3カ月が経ち、4カ月が経っていくとだんだん勉強することが億劫《おっくう》になり、半年も経つとダンボールが積み重なってしまいました。その段階で母親からお咎《とが》めを受けて退会しましたが、個人的には少しホッとしたことを思い出します。中学校に上がった時にも、同じ通信教育で勉強を開始しました。その時も漫画に心を奪われたのですが、やはりすぐに退会してしまいました。

きわめつけは、大学時代に何か手に職を！と思い、一念発起して司法試験を目指そうとしたことです。その時も、自分の時間で勉強できるという魅力から、ある資格会社の通信教育で勉強を開始しました。しかし、勉強ボリュームの多さと難易度に、安易に手を出してはいけない領域だったと悟り、1年で挫折しました。後に残ったのは録音テープや教材が入った大量のダンボールの山でした。本書の共著者であり、大学時代に司法試験に合格した鬼頭氏のことを本当に尊敬します。

当時は自分の根性のなさに対する情けなさと、親に対する申し訳なさを感じるばかりでしたが、教育会社の代表という立場に立って、この業界を見渡してみると、結構私と同じような憂き目にあっている人が多いことがわかりました。現在はどの程度かはわかりませんが、当時は通信教育の課題提出率は20％以下だったそうです。逆に言うと挫折者が80％

ということになります。労働人口が少なくなっていくと言われている日本で、学びに対する挫折者を増やしている場合ではありません。そのような想いもあり、今の会社の代表になった時に、**「挫折させない教育会社」**というコンセプトを打ち出しました。

私は、社員やお客様に対して、キャリア創りというのは山登りと似ていると伝えています。山のてっぺんに立ったあかつきには、達成感を感じ、自分への自信に繋げることができます。しかし、その道中は苦しい、険しい道のりです。日本の山であれば、一番高い富士山であっても1日もかからず到達することができますが、キャリア創りの山は延々と続きます。数年かけてある一つの山に到達したら、次なる山が聳《そび》え立ち、またそこのてっぺんに向けて歩き出す、まるで修行のようなものです。

山に登ろうとしている人に対して、山の頂上に立ったときの達成感を伝えることは簡単です。また、登り方を指導すること、登山キットや地図を渡すことも簡単です。一番難しいことは、苦しく険しい道のりを歩きながら「なぜ、この山を目指してしまったのだろう…」と思ったときに、**自分を律して一歩踏み出す力を保持し続けてもらうこと**です。本来の教育に求められることは、実は登り方ではなく、登り続けるモチベーションをいかにして維持してもらうのかが大事なのではないでしょうか？

人間は弱い生き物です。苦しい時には逃げ出したくなります。あるいは楽しいことに目を向けたくなります。無意識の衝動というのは、意思や理性を軽やかに越えていきます。また何か課題に直面した時には、心の中では闘争本能と逃走本能が葛藤しています。常に、自分を律して、闘争し続けられる人はめったにいません。無意識の衝動に負けそうになった時、逃げたくなった時に、自分をどのようにコントロールするか、その手法は後述しますが、それをマスターすることが、挫折することなくキャリアを実現するポイントになるでしょう。

キャリア創りの本当の難しさは、いかにして弱い自分と向き合い、自分を高めようとするモチベーションを維持するかにある。

私は、勉強には自学自習が大事と説いていますが、自学自習というのは「効率」と「継続」が重要な要素です。勉強ができると言われている人たちは、間違いなくこれらを担保する手段を自分なりに持っています。弱い自分に対峙した時に、どうやって自分を奮い立たせるか、徐々にでもよいのでその方程式を編み出しましょう。

7 自由な学びが挫折を生む

2014年に大学受験予備校の大手である代々木ゼミナールが20校を同時に閉鎖するというニュースが流れました。私自身、浪人時代を含めてお世話になることが多かった予備校だっただけに衝撃を受けましたが、同時に新たな時代の到来を感じました。

昨今は、良質な授業を受けようと思えば、インターネットで安価で簡単に見ることができます。リクルートの受験サプリなどは月額1、000円程度で、良質な授業を手軽に見ることができます。今までのように、一等地に大きな教室を設けて、有名な講師を高額なフィーで抱え、ライブで授業していた予備校にとっては、これまでの投資が無意味になる危機を感じるのは当然です。

ライブで良質な授業を展開することが有効であることは否定しません。私どもの教室でも、よい授業を展開できれば、ライブでの授業の方が出席率や合格率が高まることも実証済みです。しかし、時間が充分にある人は、決まった時間でのライブ授業を受けることが可能ですが、忙しい人はなかなか出席できないというデメリットもあります。その分、インターネットを介した知識のインプットというのは、いつでもどこでも勉強できるというメリットがあります。

しかし、**いつでもどこでも勉強できるということは、いつでもどこでも勉強しなくてもかまわないという状況を同時に生み出します。**ライブ授業であれば参加しなければ無駄になるので、何とか時間を捻出《ねんしゅつ》しようという動機が働きますが、いつでもどこでも、ということであれば、「まぁ明日でもいいかぁ」という感情になってしまうのが人間の常です。また、家で机に向かって、パソコンやタブレットを開き勉強を開始するものの、気がつけばネットサーフィンに時間を費やしていた、ラインなどのコミュニケーションツールで誰かと会話していたなんていう経験がある人も多いのではないでしょうか。

技術が進化し便利になればなるほど、相対的に重要になってくることが、誘惑に負けることなく自分を律し、勉強に向かうモチベーションです。私も挫折し続けてきた過去から、「勉強し続ける力も才能だなぁ」などと悠長《ゆうちょう》に思っていました。私は大学受験や高校受験の時に、予備校や塾に通っていましたが、そこですら自分の集中力を持続することは難しかったように思います。大きな教室になればなるほど、自分が居眠りをしていても気づかれません。塾に行っているという安心感はありますが、実はそれほど新しい知識を得ていなかったということもよくありました。

心理学の世界では有名なマシュマロ実験というものがあります。1970年頃の実験で、4歳児に対して、目の前のテーブルにマシュマロを一つ置き、「このマシュマロを食べてもよいが、私が部屋を出て戻ってくるまで我慢できれば、もう一つマシュマロをあげる」という指示を出して、その様子を観察するという実験です。子供たちはマシュマロをもらおうと身悶《みもだ》えながら我慢しています。

この実験より、我慢できる時間が長かった子のほうが、学校の成績も良く、問題行動も少ない、成人になってもドラッグ中毒やアルコール中毒になる人が少なかったという結果が得られました。この実験の中で、「マシュマロは実は絵だよ」、「マシュマロは雲だよ」など、目の前のマシュマロを美味しい食べ物と意識させないヒントを与えたところ、3倍長く我慢できたという結果も得られています。

ここからわかることは、目の前の誘惑に対して、どのようにして立ち向かうかは、**目の前の事実の認識の仕方を変える方法が有効であること**、そして**それを自分で実行できる人は誘惑に流されづらい性質を持ち合わせ、自分を律し続けられること**です。

自分が誘惑に負けやすいのであれば、どのようにそれに立ち向かっておくかを考えておくことです。それは、自分が誘惑に負けないように踏ん張るのではなく、ゲームや、友人からの誘いなどの誘惑を、誘惑と思わないようにすることです。

「このゲームデータは来年消去されてしまう」、「この友人からの誘いに乗ると誰かが事故に遭う」など、ありえないこと、ありえそうもないことを頭の中で想像することで、目の前の誘惑の見方を変えることも有効な手立てかもしれません。

意思を強く持つのではなく、目の前の見方や捉え方を変えることが良策ということです。

いずれにせよ、人間は意志が弱い生き物であることを前提とした予防策を考えておかなければなりません。

自由に学べるということは、逃げ道も多いということ。いかにして自分を逃がさないかと考えること。

認識を変えて欲求を抑制する、そして自分の言い訳を潰す、このような視点はとても重要です。試験勉強は我慢の連続。こうした認識の転換が自分なりにできるようになれば強いです。

8 押さえておくべき三つの要素

「今日は本当に一生懸命に勉強した」と最後に言えたのはいつでしょうか？　総務省が出した統計に、1日のうち、学業に使う時間（授業・予習・復習・宿題などを含む）の平均を年代別にまとめたものがありますが、社会人として働き始める以前では、高校時代が6時間超で一番長く、大学時代が3時間強で一番短くなります。インドの学生で1日6～8時間、アメリカの学生で1日10時間程度と言われています。これは一般論なので、人によってはそんなに勉強していない、あるいはもっと勉強している人もいるでしょう。私の人生を振り返っても、大学時代が一番勉強しなかったと胸を張って言えてしまいます。

「勉強が学生の本分である」というのは昔から言われていることですが、なぜ日本の大学生が一番勉強しないのでしょうか。これについては、NPO法人大学成績センターの辻代表が、「日本の大学生は、まじめに勉強しても『得』がないからである」と明確に回答しています。日本の大学は、入学が難しくて卒業が簡単であるから、そこまで努力しなくても大卒学歴を手に入れることができます。就職活動においては、大学の成績よりも、サークルや部活、バイトなどの学業以外での活動が高く評価されがちです。高校時代までは、自分が望む学校に入るためには勉強することが最良の手段であり、そのまま自分自身の「得」につながります。学問の道を究めたいという人にとっては、大学で懸命に勉強することは「得」につながります。しかし、現在の大学全入時代においては、大学での勉強というのは社会人になるまでの繋《つな》ぎとして位置づけている人が多いのが実情です。自分が望む仕事に就きたいと思っている人にとっては、懸命に勉強するよりも、懸命に学外活動に励むことの方が「得」につながっているのです。

勉強でもダイエットでもそうですが、自分の遊び時間や寝る時間を削って、自分を高める作業に没頭するというのは、相当な精神力が必要になります。「何が得られるかわからないけど、自分の将来のために」と思って自己研鑽に励める人はかなり精神的に強い人です。ただ、普通の人間はそんなに強くありません。先述のように人間は、目の前の「得」がなければ、自分を奮い立たせ続けることは難しいと思います。正月の計画が三

■男女、年齢、行動の種類別総平均時間・行動者平均時間・行動者率ー週全体

年齢	学業(分)	学習・自己啓発(分)
10〜14歳	340	45
15〜19歳	327	46
20〜24歳	109	21
25〜29歳	13	13
30〜34歳	4	8
35〜39歳	3	7
40〜44歳	3	6
45〜49歳	3	6
50〜54歳	3	7
55〜59歳	3	7
60〜64歳	2	7
65〜69歳	1	9
70〜74歳	1	9
75〜79歳	1	9
80〜84歳	1	9
85歳以上	1	7

【出典】http://www.e-stat.go.jp/SG1/estat/GL08020103.do?_toGL08020103_&tclassID=000001083772&cycleCode=0&requestSender=search

■モチベーションの公式

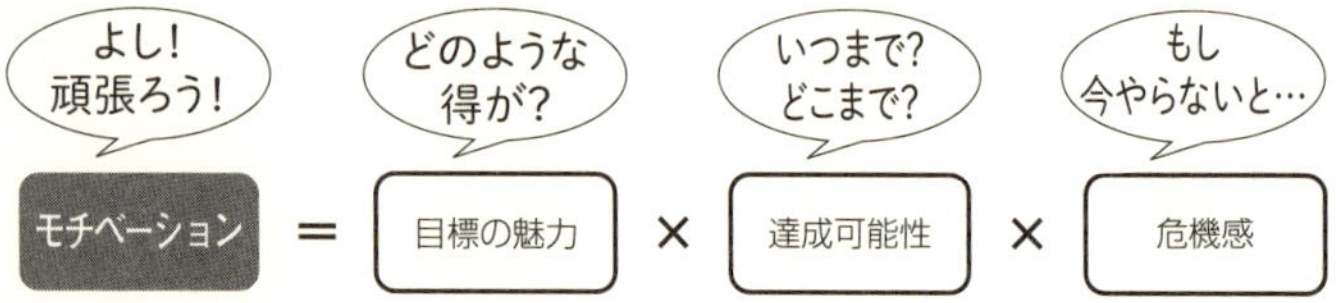

日坊主に終わる経験が多いのも、実行する上での「得」が見えづらいからなのでしょう。

私は太りやすい体質のため、年がら年中ダイエットを意識していますが、安定的に体重をキープできるようになったのは、マラソンを始めるようになってからです。「健康のためには痩せなければならないよなぁ…」と思っている間は、決して痩せることはありませんでしたが、「マラソンでベストタイムを更新したい」と思ってからは、安定的に体重を管理できていますし、本番の3カ月前からは集中して体重を落とし、脚力を高めています。

自分が何かを始める時には、**自分にとっての「得」を明確にすること**が大事です。しかもその「得」は、「ここまで頑張れば、こういうメリットがある」と具体的なもの、「この時まで頑張ればゴールが見える」と時間が区切られているもの、「これをやらないと大変になる」と半強制的に受け入れざるをえないもの、という三つの要素が組み合わさっているとより明確になるでしょう。

何かに取り組もうというモチベーションは、目標の魅力（どのような得が？）×達成可能性（いつまで？　どこまで？）×危機感（もし今やらないと…）の三つの掛け算で構成されています。どんなにそれが自分の将来にとって「得」であっても、非現実的なもの、やらなくても何もダメージがないものであっては効果は半減します。健康のためにダイエットとなると、目の前の得がある？　今やらなきゃいけないこと？　などが曖昧になり、結局失敗することが多いものです。

人間の意志をそんなに信じてはいけません。だからこそ、周到に自分自身のモチベーションを維持する計画をしっかりと設定していきましょう。

人間は、わかりやすい得、明確なゴール、今やる意味があれば動く。

私は、継続には「監視」、「競争」、「危機感」、「承認」が必要であると考えています。わかりやすい「得」、というのは承認欲求を満たすものですし、明確なゴールや今やる意味があれば危機感に火をつけることもできます。

9 自分に言い訳する生き物

夜中のラーメンの美味しさは格別です。昼に同じラーメンを食べたとしても、なぜか夜中のラーメンは昼の1・5倍増しの美味しさを感じます。しかし、たいがいにして翌日に背徳感《はいとくかん》に苛《さいな》まれます。それでも、夜中のラーメンは止められません。そのうち、自分に言い訳を始めます。「スープを飲まなければそこまでカロリーは高くないだろう」、「今日は日中に少ししか食べなかったからプラスマイナスゼロだな」そのように言い聞かせて、またラーメンに箸を伸ばしてしまいます。我慢して食べないという行為が最善の行為であるとわかっていながら…。

イソップ寓話の一つです。

キツネが、たわわに実ったおいしそうなぶどうを見つけた。食べようとして跳び上がるが、ぶどうはみな高い所にあり、届かない。何度跳んでも届かず、キツネは怒りと悔しさで、「どうせこんなぶどうは、すっぱくてまずいだろう。誰が食べてやるものか」と捨て台詞を残して去った。

歴史の実話です。

あるカルト団体の長が、1954年12月21日に天変地異が起きて世界はなくなると予言した。助かる道はある山に台座を作って、宇宙人の救出を待つこと。信者は仕事や家族など全てを捨ててそれに従った。しかし、何も起こらなかった。信者は、信心を失うどころか、「私たちが祈ったから異変が起きなかった」と逆に信心を強めた。

健康と食欲という衝突が生じて食欲を選択した時、欲しいけれどどうしても手が届かないものがある時、自分の信念と異なる状況になった時、心の不安や苦悩が広がります。その心の不安を打ち消すために、人は無意識のうちに理由を探し始めます。これを心理学用語で認知的不協和の解消と言います。自分の願いが実現できない時に、その実現できない状況に合わせて自分への言い訳を見つけ、心の平穏を保とうとする人間の本能です。

自分のキャリア創りにあてはめてみても、同じことが言えます。年初の計で、「今年こそ英語を話せるようにする」という目標を立てても、「仕事が忙しくてそれどころではない。今は仕事に集中することこそが自分のキャリアを豊かにするはずだ」、「自分の気持ちが乗っていない時に勉強しても、身につく度合いは低い。今は効率が悪い」など、何かしらの言い訳を見つけては、勉強から足を遠ざけます。自分は決して悪くないと言い聞かせます。

自分に自信があればあるほど、このように意識を通じて自己正当化を図ります。この自己正当化は、自分を直視することを避ける意味では人間の弱さであり、自分の心の平穏を保ち過剰に傷つくことを避ける意味では人間の強さでもあります。つまり、〇〇すべきであるという理性や意思はなかなかコントロールしづらいものだということです。これは本能のレベルで自己調整されてしまうものだからです。

では、どうすればよいのでしょうか？　認知的不協和の解消状態に入っている時は、ある一側面の見方に固執《こしつ》していることがほとんどです。「この見方こそが正しいのだ！」と思っている自分です。

まずは、**その状態に陥っている自分に気づく**ことでしょう。先ほどの例で言うと、夜中のラーメンの例ならば痩せている人の目線や、カルト団体の例ならば違う信心を持っている人の見方を自分の中に取り込むことです。そうすることで、自分自身を冷静に見つめることができます。

勉強の例ならば、同じ環境で継続して勉強できている人の見方です。同じ環境で勉強している人は、「仕事が忙しい状況は皆同じだ。その中で時間作りを工夫できるスキルこそが、自分を豊かにするはずだ」という見方を持っているかもしれません。もしくは、「自分の気持ちが乗っていないが、乗ることができそうな勉強方法はないだろうか」かもしれません。

そして、その上で自分が目指すべきゴールに向けて、**望ましい「見方」を「味方」につけること**です。マシュマロ実験でも、「これはマシュマロではなく絵である」という見方を強制的に取り込むことで、自分自身を律する可能性が高まりました。自分が本能レベルで求めていることはコントロールできません。ただし、見方を変えることで、そこに影響を与えることは可能です。

人間は自分を正当化するために、言い訳をする生き物である。様々な「見方」を取り込み、望ましい「見方」を「味方」につけること。

私が継続に必要と言っている要素のうち、「競争」は、少し上のライバルと競争することでモチベーションが維持できる、ということです。競争相手の存在により、自分への言い訳を減らす、というのも同じ発想。シンプルな競争心のない方は、見方を変えてみるのも一案です。

第2章

CHANGE

計画を定め、行動を変える

自分を磨き続けることの大事さに気づいたら、次は自分を磨くための方法について触れていきたいと思います。自分を磨くために必要なことは、一歩踏み出す前にどのように計画を定めるかが重要になっていきます。

計画とは自分を突き動かすための指示書です。自分のスキルアップに直結するための指示書が明確にあれば、何も考えずにただその計画に沿って動いていればよいのです。

この「何も考えずに」ということがポイントです。えてして自分で学習する場合、「来月あたりまでにこの参考書を終わらせよう…」など、計画をざっくり立てる人が多いのですが、これが挫折の元になります。

勉強は率直に言って苦行です。他に楽しいことが見つかれば簡単に優先順位が下がってしまいます。指示書があいまいであればあるほど、「まぁいいか、まだ時間はあるし」などと苦しい自分から逃げるための口実を作ってしまうのです。

勉強という苦しい作業に向き合っている最中は、とにかく余計なことを考えずに目の前の課題に打ち込める環境を自ら作っていることが大事になってきます。このCHANGEの章では、どのような計画を立てれば、挫折することなくゴールまでたどり着けるかを様々な事例をもとにお伝えしていきたいと思います。

自らを勉強モードに追い込むためのポイントは、自分の「甘え感情」を視野に入れた目標設定と、安心して取り組むためのプロセス設定です。

目標設定編

自分を突き動かす自分への指示書を書く上で、目標設定がファーストステップであることは誰もが理解していただけるでしょう。この目標設定をする時に気をつけるべき点について触れていきます。ポイントを一言で表すと、「勉強は苦行である」ということを理解した上で「逃げ道を減らす」ことです。

① 高い基準？　低い基準？

まず計画を立てる際には**身近な目標をゴールに設定する方法**と、**あえて困難な目標を設定する方法**の二つがあります。どちらの方がゴールにたどり着きやすいでしょうか。

ビジネス社会で重宝される資格の一つに簿記があります。代表的な簿記資格としては商工会議所が運営する日商簿記検定が有名です。初学者を対象とした3級、ある程度の業務レベルに耐えられる知識である2級、専門的な経理知識が求められる1級があります。

初学者は3級から受験することが一般的です。ただし、3級ではあくまで初学者を対象としているため、正直言って実務レベルに耐えられる仕立てにはなっていません。したがって、私たちの教室では最低でも2級まで勉強することをお勧めしています。

■ゴール設定（目標の高さ）による合格率の違い

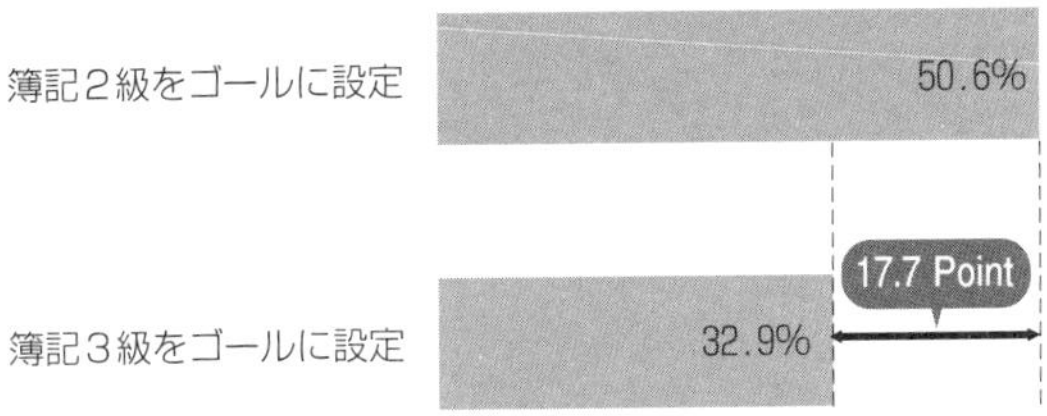

2016年６月向け 簿記３級受験者データより筆者作成

初学者が2級合格まで目指すにあたっては2種類のアプローチがあります。簿記3級と2級の受験日をあらかじめ決めて勉強をスタートする方法と、まずは簿記3級の受験日のみを決めて、その結果を見てから2級の受験日を決定する方法の2種類です。

弊社のデータでは、2級の受験日まで決めて勉強を開始した人が、直近の試験である簿記3級に合格する割合は50・6％、3級の日程だけを決めて勉強を開始した人が簿記3級に合格する割合は32・9％です。このデータから、まずは目の前の目標のみを決めて走り出すよりも、**先の目標も具体的に設定した上で走り出したほうが、目の前の目標に到達する割合に差が生まれるということ**がわかります。

これは勉強に臨むにあたっての発射角の高さが自分の行動に影響を与えているのでしょう。当然、あらかじめ高い目標を具体的に設定した場合、その間にあるものはすべて通過点になります。

私は健康のためにマラソンをしますが、ハーフマラソン（21・0975㎞）に向けた練習と、フルマラソン（42・195㎞）に向けた練習は異なります。ハーフマラソンの場合、速いペースで走り続けるための練習が中心です。一方フルマラソンの場合、30㎞過ぎてから必ず訪れる脚力の停滞をいかに克服するかが勝負です。したがってフルマラソンの場合は、脚力の停滞を感じるレベルまで練習することが大事なわけですが、その練習においてすでにハーフマラソン用のトレーニングにもなっているのです。さらには、その練習過程を乗り越えることで、「ハーフマラソンならいつでも走れる」との自信にも繋がります。

行動経済学の世界で参照点バイアスという言葉があります。その商品の値段は高いのか低いのか（損得）、自分は頑張っているのか頑張っていないのか（優劣）など、何かしらの価値を判断する際に、どこを基準にするかによって変わってきます。参照とする基準が低ければ、値段は高いと感じ、自分は頑張っていると思うことでしょう。参照とする基準が高ければ、値段は安いと感じ、自分はまだまだと思うことでしょう。人はどこを参照点に設定したかによって、自分自身の行動を規定します。

簿記の例で、もし2級合格レベルを参照点としたのならば、3級での学習レベルは簡単な問題であり、そこで躓《つまず》くようでは、自分はまだまだであると考える人も多いでしょう。

逆に3級合格レベルを参照点としたならば、躓いた時に自分を奮い立たせる気持ちというのは2級を参照点とした人より「しょうがない…」と感じる度合いは高いでしょう。

何事も、意識的に高い基準を設定したほうがその課題に臨む姿勢、視座、気合が異なります。失敗や挫折してしまうリスクを恐れて「まずは身近なゴールを目標に取り組もう」と考えることが、逆に失敗や挫折のリスクを抱えてしまうことを覚えておきましょう。

あえて高い基準で目標を立てる。そうすることで、途中目標はたやすく突破できる。最初から低い基準を見据えていたら挫折するリスクを高める。

司法試験を目指す方でも、「とりあえず行政書士から」といって、行政書士の勉強を始める人がいます。しかし、司法試験を目指して勉強している人のほうが、中間到達地点である行政書士には受かりやすいのが現実です。難関資格には、エントリー資格と呼ばれる資格がありますが（たとえば会計士であれば簿記、司法試験であれば行政書士）、当初から難関資格に絞って勉強するほうが効率的なのです。

2 遠くのゴール？　近くのゴール？

簿記の試験でこのようなデータがあります。簿記3級は例年2月、6月、11月の3回実施されます。たとえば6月の受験を目指して勉強を開始したとしましょう。その勉強の開始時期を前年の12月以前（試験日まで6カ月以上前）から開始した人と、当年の1月以降（試験日まで6カ月以内）に開始した人の未受験率（途中で挫折をしてしまった人の割合）を見ていきます。残念ながら12月以前に開始した人の場合は40・5％の方が未受験となっていました。一方で、1月以降に開始した人の場合は同じ指標が21・4％になります。

このデータから見ると、ゆとりを持って試験日を設定するよりも、**厳しい期間内で試験日を設定したほうが挫折することなく受験日までたどり着く可能性が高まる**ことがわかります。普通に考えれば、ゆっくりじっくりと勉強に取り組む方が着実にステップアップすることができ、自分の自信も高めることができると思うかもしれません。しかし、このデータは逆のことを示しています。

これには二つの理由があります。一つは**「勉強は苦行である」という事実**から導かれます。勉強時間というのは、恋人と映画を見る時間、家族と外食する時間など、楽しい時間を奪います。働いている方々ならば、仕事が忙しくなる時、様々なストレスやプレッシャーに悩まされている時、たまにある休息の時間が勉強時間によって埋められてしまいます。この苦行時間が短時間であるなら勉強開始当初のエネルギーが持続するのでなんとかゴールまで取り組むことができますが、長時間になる場合はそのエネルギーが尽きてしまうのです。

エネルギーが尽きそうなタイミングで、もう一回勉強に向けたエネルギーを高められればよいのですが、「なぜ自分は勉強を始めたのだろう…」という悪魔の問いが聞こえた瞬間、挫折への道が開けてしまうのです。

■ゴール設定（目標の遠さ）による挫折率の違い

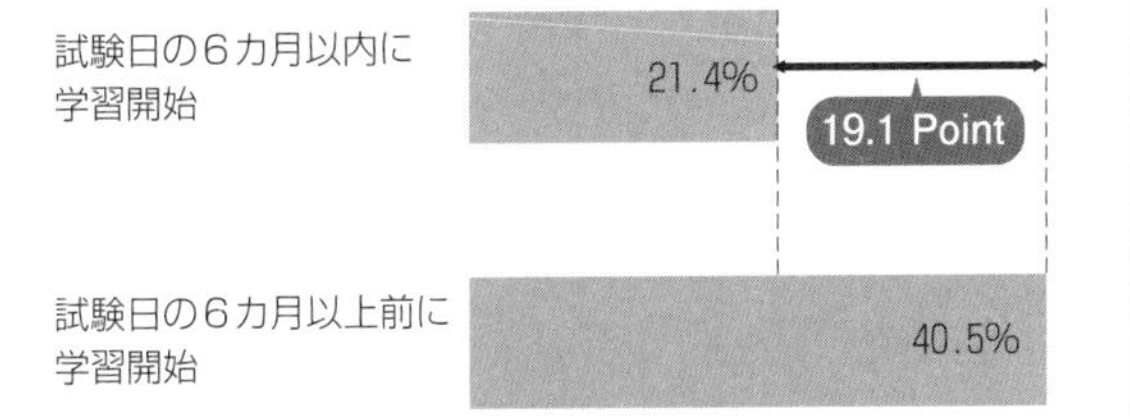

2016年6月向け 簿記3級受験者データより筆者作成

もう一つは、**「ゆっくり自分のペースというのは、逃げの選択肢を多く残す」という事実**です。小学校時代の夏休みの宿題を思い返してください。「あと30日以上あるからやれるときにやろう」と考えて結局ラスト2日で親や兄弟の力を借りて、半分徹夜で泣きながら仕上げるといった苦い思い出をお持ちの方も多いと思います。残り2日の集中力は自分でも信じられないパワーを発揮していたものです。

いつでもできるということは、いつでもやらなくてよいと同じ意味なのです。勉強は苦行です。だからこそ自分を律するためにもあえて短い目標を設定し、やらないという選択肢をなくすことが大事になってきます。

あえて近いゴールで目標を立てる。そうすることで、自分自身を追い込むことができる。遠くのゴールでは油断を生み挫折するリスクを高める。

司法試験でも、「1年で受かろう」と思っている人と「2、3年のうちに受かろう」と思っている人では、2、3年目の合格率に差が出てきます。1年で受かろうと思って勉強する人は、1年目ですべてやりきるので、仮に1年目に落ちてしまっても、2年目以降で合格する確率がぐっとあがるのです。簿記のような汎用的な資格だけでなく、難関資格においても、高い目標を立てることは重要なのです。

3 目的を見据える？ 目標を見据える？

勉強を開始する時は、たいていの人は自分に対して強い期待を抱いています。これまでの自分ではない何かに変わることができるかもという期待です。しかし、多くの人は「何に変わるのか」ということを曖昧にしたままスタートする人が多いものです。

曖昧であるがゆえに、「宅建士試験に合格する」、「ＴＯＥＩＣで６００点を取る」などの具体的なゴールを設定してスタートします。しかし、これらのゴールは目標であって、目的ではありません。

自分がなりたい理想像という目的があるからこそ、その途中プロセス指標である目標に到達したいという強い欲求が生まれるのです。

弊社ではすべての受講生に対して、**最初に自分が目指すべき理想像を宣言してもらっています。**「事務職に転職し、かっこいいキャリアウーマンになる！」、「公務員になって地元社会に恩返しする！」などの宣言です。

担当社員が学習の開始時にキャリアゴールを詳細にヒアリングして一緒に目指すべき像をスローガン風の言葉にします。そしてそれを、日々受講生と社員が目にする学習カルテの目立つところに書き込みます。

できれば普段は口にすることはない、若干恥ずかしさを感じるくらいのスローガンであればあるほど良いと推奨しています。最初は「いい年をしてこんなことを書くなんて」と躊躇《ちゅうちょ》される方もいらっしゃいますが、話を進めると結構乗り気になって考えてくれています。そして、日々そのカルテを見るたびに自分自身を奮い立たせる原動力にもなっています。

人の心を病ませるのは簡単です。やっていることから意味を奪うことです。たとえば、ある部屋で1時間おきに机を右端から左端へ移動させよという指示のみを与えられて、それに忠実に従っていると、徐々に心を蝕《むしば》まれていきます。

勉強というのは難しいもので、勉強の原理的な意味を勉強している人にダイレクトに伝えることができません。

たとえば、小学校2年生の子に「九九を覚えるのは、この後に学ぶ分数の計算や、高校に行った時に微分積分を学ぶ時に必要になるからだよ！」と語っても絶対に理解してくれません。

勉強というのは将来必要になるかどうかは自分ではわからないけれど、その可能性にかけて盲目的に指示に従うことが求められるものなのです。

特に資格試験などになると、「何でこんなこと勉強しているのだろう…」という問題や課題にぶつかることもしばしばです。そんな時に心の支えになるのが勉強を学ぶ目的であり、**今はこの苦しい作業も将来自分がステージで輝くための一歩なのだと思えるかどうか**がエネルギーを持続させるための重要なファクター（要素）になります。

まずは何のためにやるかという目的ありき。どこまでやるかという目標はその次。目的が薄い目標は、目の前の作業から意味を奪う。

目的は、「経理ウーマンになる」というかっこいい具体的なものであればよいですが、お金がほしいとか、いい家に住みたいという、ある種の下衆な欲求であっても、実はモチベーションは続くものです。極端な話、「異性にもてたい」と思って勉強すると、目的がはっきりしているので（目的と手段がマッチしているかは別として）、勉強が続くのです。

4 まずは決断する？ まずは選択する？

「選択」と「決断」の違いを知っていますか？

ある極端な例ではありますが、具体例で見てみましょう。食後のデザートとしてリンゴ、メロン、ミカンが候補にあったとします。選択とは、「今日はリンゴにしよう、そして明日はメロンにしよう」と選び取る行為です。自分の気分に合わせてその時に欲しいものを選ぶという判断です。

一方で決断とは「今後のデザートはリンゴのみとする」という考え方に近いものです。将来にわたって自分に影響を与え続けることを自覚して選び取る判断行為です。

このような例で言うと非現実的に聞こえるかもしれませんが、決断のタイミングというのは考えてみれば案外身の回りに存在します。学校を選ぶ、就職先を選ぶ、生涯の伴侶を選ぶ、その後の自分の人生に影響を与えるような判断は結構身近にあるのです。

ここで決断力という言葉を見てみましょう。

決断力とは「決」めて「断」つ「力」と書きます。よく使われる言葉ですが改めて見てみると、「決める」と同じ強さで「断つ」という意味がこめられていることがわかります。「断つ」という言葉が決断と選択の大きな違いかもしれません。この断つ力が結構大事になってきます。

先ほどの例で言うと、決断力の弱い人が食後のデザートはリンゴだけにすると決断したとします。断つ力が弱いので、リンゴに飽きてきた時に「あ〜、あの時メロンにしておけばよかったな〜」とか、「この季節はやっぱりミカンを食べたいよな〜」などとぼやきながら、また今日もリンゴをかじるのです。

一方で決断力が強い人は、他の選択肢のことは忘れ去っているので「よし、今日はリンゴを焼いてみよう！」とか「明日はシナモン味で！」など、どのようにすれば、充実した食生活が送れるのかのみに注力することができます。

過去の自分の選択にとらわれている人と、過去にとらわれず未来を見据えている人とどちらの方が幸せな人生でしょうか？

現代は選択肢の多い時代です。就職先においても、昔は大学のゼミや部活の先輩ルートもしくは学校が推薦する就職先の中から自分の進路が決まっていました。今は、クリック一つでどの企業でもエントリーまではすることができます。その意味では就職可能性はこの20年で一気に広がっていきました。自由に選べることは良い時代に突入したと言えるでしょう。

しかしながら、先ほどの決断力の考え方で言うと、**その分「断つ」力が求められるよう**

になったと言えるのです。進学においても就業においても10の選択肢があったら、残り9の選択肢を「断つ」力がなければ、常に後悔の念に覆《おお》われることになります。そして目の前に直面している課題に対するエネルギーも奪われていきます。

私自身、学生時代に結婚し、出産予定の妻を抱えながらの就職活動でした。その中で大手の内定を断って、まだ創業して1年しか経っていない今の会社（リンクアンドモチベーション）に就職しました。当然周りからの反対もありましたが、その時の自分の決断が今の目の前の課題に向き合える原動力になっていると自信を持って言えます。

学習においても同じことが言えます。安易な広告に乗っかってなんとなく勉強に取り組んだら「もっと簡単な課題にしておけばよかった…」、「安かったからまぁいいか…」などという逃げの心が芽生えやすくなります。一方で、「○○のためにこの道を究める！」という強い信念のもと、決して安くはない金額を投資して取り組んだことには、必ずリターンがあります。

弊社では、安易に入会できるような価格設定は、入会者数は増えるものの、結局のところ挫折者も増やしてしまうので、あえて安い価格帯をなくしています。中途半端な選択は、最終的に挫折感情しか残りません。自らを高めるためにも「決断力」を持って学びをスタートしていただきたいと思います。

決めて断つことで、自分のエネルギーをやるべきことに集中できる。安易な選択は後悔を生む元凶である。

「決断」は決めて断つこと。覚悟を決めて何かに取り組むことで、背水の陣となり、おしりに火がつくのです。下手に逃げの選択を残した勉強は誰のためにもなりません。勉強も仕事も、「コミット」することで初めて比類ない成果が出るのです。

プロセス設計編

続いて、指示書を書く上で必要なことはゴールまでのスケジュールの立て方です。スケジュールを立てる際にも慎重さが求められます。山登りに臨むには事前のルート設定と事前準備が必要であることと同じです。ポイントは二つです。「最短距離を一定のペースで進むこと」と「自分自身の特性を踏まえること」です。

5 インプットありき？　アウトプットありき？

様々な試験において、不安になって本試験直前まで重箱の隅をつつくような細かい知識をインプットしようとしている人が散見されます。不安になる気持ちはわかりますが、それは逆効果です。特に資格試験というのは、必ず合格ラインが設定されている、もしくは上位何人までが合格など様々な基準がありますが、満点を取らなければ合格という試験は皆無です。そして多くのテストにおいて30点を40点に引き上げるための時間と、80点を90点に引き上げるための時間では同じ10点の引き上げであっても後者の方が10倍以上の難しさ（＝勉強に必要な時間）があることを理解していない人が多いです。

不安になって知識をインプットしようとしている人の多くは「すべてを覚えなければならない」という強迫観念に駆られている人が多いものです。このようなタイプの方々に大切なことは「すべての知識を覚える」ではなく「答えられない問題を少なくする」という試験に臨む意識の変換です。目的が「知識習得」ではなく「問題解答」とすることでインプット中心の学習スタイルから試験合格やスキルアップに向けた**アウトプット主体の学習スタイルへと変えていくことが大事**になってきます。

こういうことを言うと、「試験合格が目的ではない、その後の実務や人生に活かすことが目的である。合格のための勉強だけで意味があるのか」と質問されることもありますが、もしそれを言うとしたら、とてもじゃないですが時間が足りません。その道の第一人者になるならば話は別ですが、様々な学問体系は年々研究が進み細分化されています。そのすべてを覚えることは一生モノの作業になります。

ある程度の試験やスキル検定というのは「このレベルの知識やスキルであれば実務に耐えうる」ということを前提に設計されています。細かい部分まで覚えようとして、試験に合格できないことは、それこそ本末転倒です。また、細かい知識を覚えようとするエネルギーは相当な持続力が求められますし、その間に挫折をしてしまう人も多いものです。

大事なことは、いつまでにどこまで覚えるのかといった、インプットを基調としたスケジュールではなく、**いつのタイミングでどの章の問題を解答するかといった、アウトプットを基調としたスケジュールを立てること**です。アウトプットを細かく繰り返すことでまさに「答えられない問題」を抽出し、インプットの効率化を実現できます。アウトプットを中心に据えることで、空いている時間において効率的なインプットをしようとする機運も生まれます。

また、試験前にはそれまでのインプットで充分と見切りをつけて、答えられなかった箇所の理解を深めるというアウトプットに力点を置いて勉強を進めるほうがゴールに到達しやすくなります。弊社のデータでは、簿記の試験で試験1カ月前までにインプットを終えた人と、1カ月前になってもまだ新しい知識を入れようとしている人の合格率ですが、前者は86・4%、後者は56・4%と実に30%の差が生まれます。不安はあるかもしれませんがインプットに見切りをつけて過去問や模擬試験対策にふりきるというこ

■インプット終了時期による合格率の違い

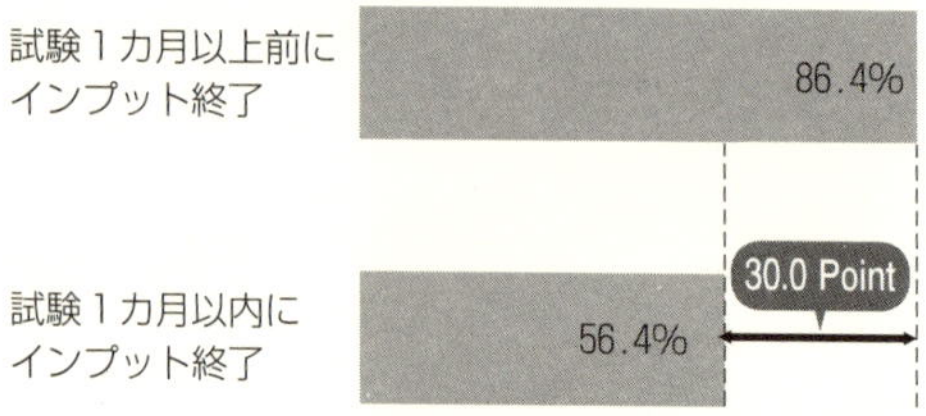

2016年6月向け 簿記3級受験者データより筆者作成

とが大切です。

実務に必要な知識も実務を通じて必要になったタイミングでインプットしたほうが効果的です。インプット→アウトプットの順番ではなく、アウトプット→インプットの順番を意識したスケジュールを設計しましょう。

結局のところアウトプットが全て。実践的なアウトプットがなければ、インプットに対するモチベーションも続かない。

私が運営する資格スクエアでは、インプット1に対してアウトプット3の勉強をしようと指導しています。テスト効果と呼ばれる脳科学の研究で、アウトプットしたほうが頭に定着しやすいという結果も出ています。試験はアウトプットで行われるのです。徹底的にアウトプットしましょう。

6 ひとりで取り組む？　誰かと取り組む？

年始の箱根駅伝を見ていると、2区以降である程度ランナーの距離が開いたときに、そのランナーを後方サポートする伴走車が走っていることがわかります。

マイクで音を拾ってはいないのでランナーに対して何を言っているか聞こえづらいですが、よくそば耳を立てて聞いてみると、前方（後方）ランナーとの距離や、1㎞あたりのペース、走りのフォームや足の回転ピッチのずれなどを伝えています。

また、走りのペースが良い時には褒《ほ》め調子の言葉を、時に厳しい叱責《しっせき》の言葉が飛ぶこともあります。

どんなスポーツでもそうですが、自分はそのつもりはなくても、時間が経つにつれていつのまにかフォームが崩れていることがあります。自分のことは自分が一番わかっているようで一番わからないものです。

そのような時に伴走車が存在することで安心につながり、伴走車からの声を通じてランナーは自分自身を客観視し、自分らしい走りを取り戻すことができるのでしょう。

学習も孤独なランナーのようなものです。

他のやりたいことにも目もくれず、自分自身を律して一人でゴールに向かって走り続ける作業です。

必要以上に最初に飛ばしすぎて燃え尽きてしまう人、学習ペースが乱れて集中力が途切れてしまう人など、気づかないうちに生じる自分自身の心の乱れから、途中で足を止めてしまう人も多いものです。

そのようなことにならないように自分自身の学習においても伴走車を用意しておくことをお勧めします。

私の子供が高校受験をした時には、私がこの伴走車の役割を果たしました。高校受験となると、ある程度のレベルであれば理解できますが、長らく受験というものから離れていますので、その大半は忘れてしまっており、中身についてはそれほどアドバイスできません。

私が取り組んだことは、毎週日曜日の夜に、先週までの勉強スケジュールが予定通りに進んでいるかどうか、そして今週の勉強スケジュールはどのように設定するかを確認しただけです。

予定通りにできていない場合は大抵「部活が忙しかった」や「やろうと思ったけど寝てしまった」という話になるのですが、「では、次に予定通りにやるためにはどうする?」という問いかけをしただけです。予定通りできていた場合は、「いいペースだね」と褒めてあげるだけです。

通学で学ぶ場合は、スクールのチューターやサポーターがその役割を果たしてくれますが、独学で取り組む場合は、私のように家族や同僚などがその役割を果たしてくれるでしょう。

大事なことは**スケジュールを細かく共有するということ**と、**報告の節目をあらかじめ設定しておくこと**です。

自分が学ぼうとしていることをマスターしている人であれば一番よいのですが、難しい試験やスキル習得になればなるほど、そもそも絶対数が少なくなってしまいます。しかし、学ぶ内容についての良し悪しではなく、学ぶペースについての良し悪しであれば、あらかじめ設定したペースに対してできている、もしくはできていないことを確認するだけですので、サポートを受けやすくなるでしょう。

同僚に伴走車の役割をお願いする場合は、「この日までにここまで終わっていなければ、昼飯をおごる」などの自分へのペナルティを課す（相手にとってはメリット）ことで引き受けてもらいやすくなるかもしれません。

自分の変化は自分では気づかない。自分を見てくれる存在を近くに置いておくことで自分のペースを守ることができる。

勉強計画を定期的に見てくれるコーチは非常に有用な存在です。資格スクエアでも、オンラインの学習に加えて、個別にコーチングを入れることで、学習のペースが早まり、継続もしやすいという結果となっています。ティーチャーではなくコーチ、これが今後の教育の鍵になります。

7 あなたはどんな時に挫折する？

人の性格はそれぞれであることは言うまでもありませんが、その性格に応じて勉強で挫折しやすいポイントが異なることはあまり知られていません。

冒頭にお伝えしたように、弊社が所属しているリンクアンドモチベーショングループでは、**個人や組織のモチベーションに着目して目指すべき姿への変革を遂げる技術である「モチベーションエンジニアリング」**というナレッジがあります。

モチベーションエンジニアリングは、**「診断技術」**と**「変革技術」**に分かれますが、個人診断フレームとして思考行動特性を図るサーベイ（調査）があります。弊社では、すべての受講生に学習を始める前にこのサーベイを受けていただいています。

このサーベイ結果と挫折したタイミングを分析すると、ある一定の傾向が見られます。逆に言えば、自分が挫折しそうなポイントを理解しておくことで、あらかじめ挫折しないようにセーフティネットを張ることも可能になります。

これから、読者の皆様にも思考行動特性を図る簡易サーベイ（思考行動パターンチェック）を受けて頂き、その内容を実感いただければと思います。

思考行動パターンチェック

A アタックタイプ

		CHECK! ☑
1	同意できない話が目の前で展開されるとつい口を出してしまう	□
2	多くの人に影響を与えたいと思う	□
3	「あなたの言うことは聞けない」と言われるとカチンとくる	□
4	何か言われるとつい張り合ってしまう	□
5	人から指図されて動くのは嫌だ	□

B レシーブタイプ

		CHECK! ☑
6	議論になると衝突を避けるためつい自分が我慢してしまう	□
7	縁の下の力持ちになりたいと思う	□
8	「あの人って実は偽善者なんじゃない」と言われるとショックを受ける	□
9	困っている人を見るとつい手助けしてしまう	□
10	自分がどう思うかよりも他人がどう思っているかをまず気にしてしまう	□

C シンキングタイプ

		CHECK! ☑
11	複雑な課題を様々な角度から分析するのが好きだ	□
12	周りから「細かすぎるよ」と言われる	□
13	情より理屈にこだわる	□
14	「あの人何もわかっていないよね」と言われるとショックを受ける	□
15	自分に自信の持てないテーマではつい黙り込んでしまう	□

D フィーリングタイプ

		CHECK! ☑
16	周囲の注目を集める奇抜で斬新な発想をしたいと思う	□
17	周りから「感性が鋭いね」と言われる	□
18	自分の好き嫌いで物事を進める傾向が強い	□
19	「あの人はなんの変哲もない人よ」と言われるとショックを受ける	□
20	二番煎じを避けようとつい必死になってしまう	□

チェックシートを終えて、どのような結果が得られたでしょうか?

A~Dの中でいくつかの項目が飛びぬけている人、特に飛びぬけているものはなく、バランスよくチェックがついている人など様々だと思います。

そもそもこのチェック項目は占いのように「あなたは、○○タイプの人です」と、人をいくつかのタイプに分類するものではありません。もともと、誰しも四つの思考行動パターンを持っているものです。しかし、その程度には人それぞれ「強弱」があります。その強弱によって、ひとりひとりのモチベーションを上下させる要因が変わってくるのです。

さて、以下A~Dの項目について、その項目の傾向が強い人はどのようなタイプで、どのような時に挫折をしてしまうのか、またその対処法はどのようにすればよいのかをまとめました。

まずは、自分の点数の高かった項目を読んで、自己理解に努めてください。

A アタックタイプ（達成支配欲求）

「アタックタイプ」とは、自力本願で強くあることを望み、強い意志を持とうとする欲求です。成功を収めたい、人の上に立ちたいという思いを持つ傾向があります。このタイプの方々を一言で喜ばすためには**「すごいね！」**の一言が効きます。勝／負や敵／味方が判断基準になりやすいのも特徴です。

プロセスよりも結果を重視する傾向があり、**数字などで明確な目標が設定された時には強いエネルギーを発揮しますし、その目標を共に追いかけるライバルが存在する時にはそのエネルギーが加速されます。**その一方で目標やライバルを見失った時や、自分がコントロールできる領域を奪われた時はモチベーションが下がります。

この方々が、勉強をする上での陥りがちな挫折傾向は、**「燃え尽き型挫折」**となることが多いです。燃え尽き型挫折とは、何かを学ぼう、課題に取り組もうとした際に、最初は意気揚々と取り組むのですが、途中でエネルギーが持続せずに残念ながら挫折してしまうという傾向です。スタートダッシュで頑張ってバテてしまうと言ったほうがわかりやすいかもしれません。このタイプの方々が挫折する理由の実に40％がこの傾向での挫折であることがデータ上わかっています。

具体的に解説させていただきます。たとえば日商簿記3級に合格しようとした場合、6カ月後の試験をターゲットに据えたら、週に2～3回安定的に学び、4カ月である程度の知識習得は終えて、答案練習や模擬試験などを繰り返すことで合格レベルに到達できるスケジュールになっています。しかし、このタイプで挫折する方々の多くは、勉強をスタートして2カ月ですべての知識習得を終わらせようとスケジュールを組みます。そのため週5～6回のスケジュールになってしまいます。最初は順調に学びますが、ある時急に教室に来なくなり学ぶことを止めてしまうのです。

タイプと照らし合わせて見てみるとその理由がわかります。アタックタイプは**「負けたくない」という判断基準が先立ちます**。そのため、同じ試験を目指しているライバルよりも、より早く合格したいと考える傾向が強くなります。

例えて言うなら、42・195kmのマラソンを走る上で最初の10kmはペースを作る大事な時間になりますが、同時にスタートした周りのランナーに引っ張られ（せり負けたくないという気持ちに押され）、隣の人に抜かれまいとした結果、最初の10kmでいきなりトップスピードに持っていってしまうのです。当然30kmを過ぎたあたりから、急に足が動かなくなってついには歩き始めてしまいます。最初の10kmでゴールまで走りきるためのペース作りが大事であるにもかかわらず、隣の人に負けたくないという刹那《せつな》的なライバル心が勝ってしまうのです。結果として、山を途中で下りてしまうはめになるのです。

私自身もアタックタイプなので、その思いは大変よく理解できます。かつて小学校や中学校で通信教育に入会した時に、入会直後に送られた教材を一日で仕上げて、親に自慢したことを思い出します。「自分は他の誰よりもできるのだ！」と自慢したくて取り組んだのだろうと思いますが、結局そのような学び方は持続性を失わせるだけでした。

たしかに教材の中では「計画的に学ぼう！」と学習スケジュール表まで提示してもらっていましたが、それすらも勝ち負けの対象として、「それよりも早くゴールにたどり着いてやる」という思いで取り組んだ結果のなれの果てでした。

このタイプの方々が挫折することなく山の頂に立つためには、**とにかくスタート段階でのペースを守るということ**が大事になってきます。スタートゲートで待機している競走馬のごとく鼻息が荒くなっていることを自覚し、スタート段階で飛び出すのではなく、周りやライバルの背中を見る余裕すら持ちながら冷静に自分のペースを作っていくことが大事なのです。

自分の持続力の過信は禁物です。最終的な勝利とは何かを冷静に判断し、持続できるスケジュールを立てて行動することが重要になってきます。

Aタイプの人へ

勉強は他者との戦いではなく自分との戦いである。過度な競争心で身を滅ぼすことを戒めよう。

私も診断結果はAタイプでした。競争は個人的に大好きなので、励みになるのですが、たしかに時に周りを気にしすぎて、気合が空回りしてしまう時もあります。勉強では、スタートダッシュするとバテることを経験的に知っているので、そうはなりませんが、他のことではそうなることがよくあります。皆さんも力みすぎには気をつけましょう。このタイプは、継続の要素の中で、「競争」が強いタイプと言えます。

B レシーブタイプ（貢献奉仕欲求）

「レシーブタイプ」とは、周囲の要求に応え続けることで葛藤《かっとう》を避け、他者に尽くすことで自分の存在意義を確認する傾向があります。このタイプの方々を一言で喜ばすためのキーワードは**「ありがとう！」**です。善／悪や愛／憎が判断基準になりやすいのも特徴です。

人から必要とされたい、より良い人間関係を保ちたいという欲求が満たされた時にモチベーションが高まります。そのため、ゴールに到達したかどうかよりも、**そのプロセスにおいて自分が貢献できているかどうか**を重要視します。

一方で、「誰かがいてくれるからこそ自分がいる」という感覚が強いため、貢献できる対象が存在しないなど、誰からもかまってもらえない環境では自分のモチベーションを下げてしまいます。

この方々が陥りがちな挫折傾向は、**「孤独型挫折」**と類型化しています。この方々は誰かの支えや、応援があるからこそ頑張れるため、学んでいる最中や働いている最中に誰からも声をかけてもらえない状況に陥ると、自分が学んでいる意味や働いている意味を喪失してしまいます。結果として新たに自分を承認してくれる環境があればそちらに移ってしまうのです。

私たちの受講生では、実際にはこのタイプが一番多いです。おそらく独学するということへの不安や、誰かが見てくれている安心感というものを重要視するがゆえに、通信教育ではなく通学という手段を選ぶのかもしれません。

レシーブタイプの方々は、学生時代に受験勉強をしている際、こういう想いがモチベーションを持続させるエネルギーの一つになっていたのではないでしょうか。「あの塾の先生が応援してくれているから自分は頑張ろう」、「親が自分のことを諦めていないから期待に応えよう」という想いです。

当然「〇〇ちゃんには負けたくない！」というライバル心も自分の心に火をつけてくれたと思いますが、誰かの期待に応えたいという想いが勝っていたのではないでしょうか？

そして、自分が頑張った成果を報告した際に、「よく頑張ったね！」と自分を認めてくれる言葉を投げかけられることで無上の喜びを感じていたのではないでしょうか？

この「誰かかがいるから自分がいる」という感覚がモチベーションの源泉だからこそ、誰かがいないと頑張れないという挫折を生んでしまう要因にもなってしまうのです。この性格が他者依存性を強めてしまうため、自立的主体的に自らのキャリアを切り開くということが難しくなります。

このタイプが挫折することなく勉強を進めるためには、二つの方向性があります。

一つ目は、**自分で自分自身の活動に意味づけする力を備えること**です。努力というものは最後には自分自身の意思に依存します。誰かがいなければ頑張れないという状況でいる以上は、一生その他者依存性から抜け出すことができなくなってしまいます。

常に自分自身がほんの少しリスクを取って殻を破る挑戦をすること。そしてその経験から得られた成果を自分の自信や自尊心へと還元すること。そのサイクルを繰り返すことで他者依存性の高い生活からの脱却を図ることができるようになっていきます。

二つ目は、**常に自分自身を観察してくれるメンター（助言者）を置くこと**です。「誰かのために」という想いはエネルギーになりますが、それが過剰になることで、他者に過剰に依存してしまいがちになります。

そこで過度に期待をかけるような存在ではなく、客観的に自分を見てくれる存在、自分のペースが乱れた際に適切に声をかけてくれる存在を近くに置いておくことが大事になってきます。そうすることで孤独感からも解放されますし、過度に依存することからも回避することが可能になります。メンタルケアを図るコーチングや、学習の進捗管理をするチューターなどは、この役割を果たす上では適切な存在かもしれません。

Bタイプの人へ

あなたに期待し続けてくれる人を見つけよう。その期待に応えようというエネルギーが、ゴールへの近道となる。

資格スクエアでも、受験生を「励ます」サービスがあります。励ます人が合格者でなくとも、毎週、毎週、声をかけてもらうだけで、モチベーションが維持できる人はこのタイプなのでしょう。このタイプの方は、励まし続けてくれる人を見つけることで大きな成果を出すことができるのです。継続の要素の中で、「承認欲求」が強いタイプの人と言えます。

C シンキングタイプ（論理探求欲求）

「シンキングタイプ」とは、あらゆる事象を分析的に捉え、複雑な物事を究明し、真理を追究しようとする欲求の持ち主です。学者肌にこのタイプが多く見られます。このタイプの方々を一言で喜ばすためのキーワードは**「かしこいね！」**です。真／偽や因／果など、自分の活動が正しいかどうかを判断基準にしやすいのも特徴です。

したがって、理不尽な指示や、非合理的であると思った時にはモチベーションが下がってしまいます。また、自分自身が優れていると周囲に思われることで存在意義を見出そうとするタイプなので、**周囲にわかるような失敗や、馬鹿だと思われることを極端に嫌がります。**そのため失敗が許されない環境などは、居心地が悪い環境になるでしょう。

この方々の挫折傾向は、**「逃避型挫折」**です。難しい課題や問題に直面した際に、通常はその壁を乗り越えようと努力するのですが、壁に直面している自分、理解できていない自分が受け入れられず、そこから先の努力を放棄してしまう傾向があります。学習というのは後半になるほど難易度が増していきます。簿記の学習であっても前半の単元は単純な仕訳などの学習になりますが、後半に入り前半の学習内容を総合して、さらに俯瞰《ふかん》的に統合していかなければならない決算書の作成の段階になると急に難易度が増していきます。そのタイミングで課題に挑戦するエネルギーを失ってしまうのでしょう。

シンキングタイプの方々は、自分が理解できない状況（＝馬鹿にされること）を嫌います。また、これまで習得してきたことをしっかりと応用すれば結果が出るはずだという、因果の関係が崩れると、自分自身がこれまで習得してきたことそのものにも不安を覚え始めます。そして、その不安が高まった時に課題に挑戦する気力すらも失ってしまうのです。

学習においても、その道を歩んできた先人であれば、それらの躓《つまず》きは誰しもが通る道であり、ほんの少しの努力で乗り越えることができることを知っていますが、当の本人にしてみたら小さなミスが重大事なのです。仕事においても先輩や上司から見れば、若い頃に誰もが悩む問題であったとしても、悩んでいる自分そのものが自分の価値を貶《おとし》めていると戦々恐々としてしまうのです。このような萎縮《いしゅく》した状態では、前向きに課題に取り組むことはできません。

勉強というのは努力が直線的に比例して伸びるものではありません。たとえば、自転車にはじめて乗れた時を思い出してみましょう。地面を蹴ると同時に、片方のペダルをこぎ、バランスを取ってもう片方のペダルをこぐということは頭ではわかっているものの、どうしてもバランスを取ることはできません。後部サドルを親が支えてくれるあいだは、何とかバランスが取れますが、手を離されると途端にバランスを崩してしまいます。足をすりむき、時には頭も打ちながら諦めずに何とかくらいついていると、ある時「ふっ」とバランスを取れる感覚をつかみます。その後は自転車をこげるようになるまではあっという間です。このような感覚を覚えている人も多いことでしょう。

このように自分を成長させることは、直線的に努力に比例するのではなく、努力を続けても成長しない時期（これをプラトー期間と言います）を乗り越え、ある時「ふっ」と自分の成長を実感するのです。このプラトー期間は、自分はだめな人間だと苛《さいな》まれることも多いでしょうが、その期間で自分を諦めずに努力し続けることが成長へのステップなのです。

このタイプが挫折することなくゴールまで辿りつくためには、**失敗を計画に織り込んでおくこと**です。そうすることで、できない自分でいることは成長への過程であり、計画通りであることを自分に言い聞かせることができます。過剰な自己嫌悪からの自己逃避に陥ることを避けることができるのです。また、ある程度信頼を置いている人からのアドバイスも効果的でしょう。この困難は誰しもが通った道であること、自分は馬鹿ではないし、成長できる機会であることを、客観的に言ってくれる存在を近くに置く、もしくはそのようなメンターに相談に行くことなども自分のバランスを取る上では重要かもしれません。

アタックタイプの次に強いのがこのシンキングタイプです。自分をある程度認めてくれて、その上で客観的なアドバイスをくれるメンターが私には3人ほどいますが、そのメンターの存在が私の逃避癖から救ってくれています。

Cタイプの人へ

できている時、できていない時の波は必ずある。苦しい時にできていない自分から目を逸らさないようにしよう。

資格試験でやってはいけない勉強法は、完璧主義です。少しでもわからないことがあったら、それを解消しながら勉強を進めるということでは、いつまでたっても試験範囲を終えることはできません。試験も仕事もいきなり完璧は無理です。このタイプの方はもう少し気楽にいきましょう。継続の要素の中では、「危機感」を過度に感じやすいタイプですので、そこを少し和らげてあげるだけで、このタイプは勉強を続けることができます。

D フィーリングタイプ（審美創造欲求）

「フィーリングタイプ」とは、豊かな想像力や自由な発想から物事を感覚的に捉えようとする欲求です。クリエイターに多く見られます。好／嫌、楽／苦が判断軸になりやすく、自分の個性が認められることに喜びを覚えます。**「面白いね！」**や**「斬新《ざんしん》だね！」**と言われると自分らしさを実感することができます。

一方で、常に新しいことを追い求める感性も持っているので、同じことをコツコツやる作業にはあまり向いていません。また、自分自身が面白いと思って提案したことが、周りから完全に無視されることほど残念に感じてしまうことはないでしょう。

この方々が挫折する時の傾向を**「退屈型挫折」**と類型化しています。これもアタックタイプと同様、簿記を学習する人の例で見てみましょう。

6カ月後の試験に向けて、週に2回通えば合格レベルに到達できるというスケジュールを立てたとします。最初はその計画通りに進捗《しんちょく》していきますが、挫折してしまう人はそのペースが崩れてしまうのです。

週に2回が急に週に5回になったり、週に2回が月に2回になったりと、予定より多いもしくは少ないペースに変わった直後に挫折をしてしまう傾向が見られます。それまではペースよく学習していても、ペースが変わってしまうと挫折してしまう可能性が高まってしまうのです。

自分を磨くためには、学習であれ労働であれ、ある種の苦行を伴います。苦行を乗り越えた先に理想のゴールがあるのですが、フィーリングタイプというのはこの「苦行」を強く意識した瞬間に負の感情が芽生え、一生懸命取り組むことを面倒くさいと思ってしまうのでしょう。

では、どういう時に「苦行」を意識してしまうのでしょうか。人はルーティンで動いているうちは「苦しい」や「面倒くさい」という感情を封じ込めることができます。

新聞を読む習慣を持っている人は、最初のうちは何を言っているのか、どのように理解するのかわからず一定の苦しさを伴いますが、ある時を境に新聞を読まない方が気持ち悪いという自分がいることに気づいたことがある人もいるのではないでしょうか？

このルーティンのレベルまで持っていけば、習慣的行動として歯を磨くかのように面倒くさいという感情を無意識下に持っていくことができます。したがって、ルーティンが崩れた時が一番危なくなります。崩れたすき間から苦行を強く意識してしまうのです。

フィーリングタイプの方々はこの**ルーティンを崩さないということ**が一番大事なポイント

になってくるでしょう。

他の例を挙げると、新人の早期退職などにも見てとることができます。順調に働いていたフィーリングタイプの新人が、ある平日に有給休暇を取ったとします。平日の休みなので、レジャー施設も比較的空いていますし、快適な時間を過ごすことができます。しかも、普段は働いている時間なのでその楽しさも人一倍です。あっという間に1日が過ぎて翌日を迎えます。

その時ふと「昨日は楽しかったなぁ。これから仕事かぁ。なぜこんな苦しいことをしているのだろう…」という負の感情が襲ってくるのです。まさにルーティンが崩れた時に、無意識下に隠れていたものが顕在化《けんざいか》してくるのです。

それ以外にも、恋人ができた、職場が変わったなど、日常の行動に変化が起こった瞬間において、仕事の苦しい側面が浮き彫りになりやすくなります。そういう時こそ注意が必要です。

もう一度自分のルーティンになるように意識して行動していかないと、苦しい時間のみが続きます。自分のペースを維持してくれるペースメーカーのような存在を身の回りに置いておくことも大事なことでしょう。

Dタイプの人へ

とにかくペースを崩さないように気をつけよう。ペースを崩した瞬間に、苦しさが倍になってやってくる。

勉強においてルーティンは重要です。音楽を聞いてから勉強に入る、リビングの机に座って勉強するなど勉強を始める時のルーティンを決めておくと、「勉強をする」という行為のハードルが低くなります。このタイプは継続の要素でいう「監視」の要素がないと続けられないので、周りの人に監視してもらえる環境に自分を置き、自分を律していくことをお勧めします。

すべてのタイプ

以上、四つのタイプで挫折傾向を明らかにしていきました。これらの傾向は学習や就業など自分自身を成長させるプロセスすべてにおいて適用できます。弊社では、もう少し詳細な診断フレームを用いて、受講生のキャリア傾向を診断しています。その目的は、挫折することなく目指すべきキャリアゴール、山の頂に立っていただくためです。

山の頂に立った暁《あかつき》には日の光を浴びることができる。自分への達成感や成長感を得ることができる。しかし、その道中は苦しく険しい道のりであることをしっかりと理解することが必要です。安易なプロモーション文句に乗っかって、何とかなるだろうと自分の時間や資金を自己投資に当ててしまった結果、無駄にしてしまった時間や資金が痛い思い出となっている人も多いはずです。

軽視されがちですが、**自分はどのような時に挫折してしまう傾向があるのかを事前に理解して、あらかじめ意識的にスケジュールに組み込んでおくこと**、さらには**その傾向を理解してエスコートしてくれる存在を身近に置いておくこと**が、自らのキャリアを創る上では重要な一歩になっていきます。

全タイプの人へ

自分が陥りがちな病魔を把握しよう。あらかじめ予防注射を打つことで、自分に免疫を作ることができる。

継続には、監視、競争、危機感、承認の要素が必要であるというお話をしました（45頁）。各要素がどれだけ重要かは人によって異なります。私は競争や危機感の要素があれば、監視や承認がなくても勉強を続けられますが、他人や自分に承認したりされたりしないと続けられないという人も多いでしょう。このタイプ診断は、自分がどのようなタイプの人間で、どのように学習すると続けやすいのかを判断できる格好のテストになっています。ぜひ実践してみてください。

第 3 章

REFREEZE

行動を定め、持続させる

この章は、いかに自分の努力を継続させるかということについて述べています。自分の目指す姿に向けて計画を立てたところで安心してしまう人が多いものです。一番大事なことは立てた計画を確実に実行することです。

ここまでも、人間の弱さや、モチベーションタイプ別の挫折傾向などをお伝えしてきましたが、より実践的に活用できる方法を、弊社が集計したデータなどを交えながらお伝えしていきたいと思います。

この章は、「習慣作り」と「関係作り」の二つで構成されています。

習慣作りとは、文字通り「日々の活動の中で、自分を磨く習慣をいかにして作っていくか」ということです。ここでのポイントは、無意識になることと、節目を設けることです。

頑張ろうとするエネルギーはそんなに長く持続することはありません。必ず最初の頃の熱意は薄れていきます。無意識になっていれば、熱意が薄れてきた時にも体が勝手に行動してくれます。節目を作れば、もう一度自分を奮い立たせることができます。

関係作りとは、行動を持続させるために、家族や友人含めてどのような関係を作っていけばよいのかについてお伝えします。昨今の教育においても、孤独に机に向かって打ち込む座学ではなく、集団で議論しながら勉強することの有用性が認められつつあります。

ただし、間違った関係を作ってしまったら、単なる邪魔にしかなりません。自分のモチベーションを保つための関係作りが大事になってきます。

習慣作り編

歯を磨く、手を洗う、挨拶するなど、幼少期に両親のしつけによって体にしみこんだ習慣というのは簡単にはなくなりません。歯を磨く時に、「よし！　これで口の中の細菌を駆逐《くちく》してやる！」と毎回思う人はいないでしょう。眠たい目をこすりながらも、無意識に手を動かしているのではないでしょうか。習慣の持つ力というのは本当にすごいものです。

① 思い切って投資しよう！

計画を立てることの重要性についてお伝えしました。いよいよここからは実行フェーズです。最初に取り組むこと、それは**自分のプライドを投資すること**です。具体的には、自分自身の目標やゴールを思い切って宣言して、身の回りの人に約束することです。途中で挫折したり、できない自分を見られるのが恥ずかしいから、こっそり勉強を開始する人は結構多いです。気持ちはわかります。

宣言することなく試験に臨み、もし合格したら、「そんなことやっていたの？　凄いね!」という賞賛の言葉を得られるでしょう。宣言しなかった場合には不合格になっても気づかれません。一方で、合格を宣言して成功したあかつきには「賞賛」を受けますが、失敗したら「嘲笑」を受けます。

宣言することで「やけに前のめりで痛い存在」と見られることもあるでしょう。嘲笑は心理的には大変つらいものです。ただそれは、勉強を続ける環境を作る上では不必要なプライドです。

人間は自分の言動に一貫性を保とうという心理が働きます。宣言した自分を裏切るのは恥ずかしいという心理が強く働くので、自然と体がそのモードになっていきます。世間から見られることで自分自身の行動が規定されるのです。まずは自分が持っている、周りからよく見られたいというプライドを投資しましょう。そうすれば、**「賞賛」という形でその投資を回収したいという想いが自分を突き動かしてくれる**でしょう。

次にはお金です。**勉強というのは自分に向けた投資**です。消費ではありません。消費であれば後に何も残りませんが、自分の資産になる投資は後で実りとなって返ってきます。投資したことがある人はわかると思いますが、思い切った金額を投資したら、その投資が損しているか得しているか気になるものです。そして、できることならば大きく回収したいと願います。投資したかどうかも気づかないくらいの投資はたいてい自分でも忘れてしまっています。

弊社でも、かつて受講生を増やしたいために、会計の基礎講座を1万円切る金額で提供したことがあります。通学形式の資格スクールとしては破格の値段です。その結果、受講生は増えましたが、通常の出席者の50％程度しか出席しませんでした。

伝えている内容や講師を変えているわけではありません。安くしたことで、気軽に始めた人は増えたのですが、安い投資であったがゆえに、別にその投資を回収できなくてもダメージが少ないため、モチベーションが持続できなかったのではないかと考えています。もちろん、企業努力としての適正価格は常に考えていますが、本気で勉強することを検討している人は、安さだけで判断するのは考えものだと思います。

昨今では、ダイエットのために2カ月で30万円以上払って、結果を保証するジムが流行っています。もちろん、その投資に見合うだけの設備や人件費をかけているのですが、これまでのジムに比べたら驚きの値段です。おそらく、痩せさせるための食事管理や体作りのノウハウがあるからこそ結果を出すことができるのでしょう。一方で、個人の側も30万円払ったら真剣です。その投資を意地でも回収してやろうと思うでしょう。そのエネルギーが、普段の習慣作りの原動力になっていることは否定できないと思います。

勉強を続けるためには、**まず自分自身のプライドと、ある程度まとまったお金を投資す**

ることで勉強に集中する環境を作ることができます。勉強は自分自身への投資です。しっかりと投資して全力で回収しましょう。

中途半端な投資は中途半端なリターンしか得られない。思い切った投資をすることで、大きなリターンにつながる。

教育は、消費行動ではなく、投資行動です。お金だけでなく時間も投資することになります。資格スクエアも当初は圧倒的低価格を売りにしたサービスでしたが、それでは「安かろう悪かろう」という推測を呼ぶことがわかり、料金を改定して適正価格にしました。不思議なことに、それにより受講者数が増えたのです。プライスレスな時間を使う以上、必ず成果を出すという覚悟で投資しましょう。

❷ 思い切って捨てよう！

思い切って投資することと同じくらい大事なことは、**思い切って捨てること**です。人間の中で一番貴重な資産とは何でしょうか？「お金」や「人間関係」など、いろいろ考えられますが、私は「時間」であると考えています。

人生という時間に限りがあるからこそ、その時間を無駄にしたくないという気持ちが強く働きます。お金も人間関係も「時間」があってこそだと思います。

自分の日常を振り返って見てみると、結構この大事な時間を無駄にしていることが多いことに気づきます。何の意思もなくただボーっと眺めているテレビ、嵌《はま》ってしまったので止めたくても止めることのできないゲーム、何となく流れに任せてついていった飲み会。この「時間」は何だったのだろうという後悔をした経験は皆様お持ちだと思います。

まずは、勉強という行動に取り組むにあたって、自分の時間が何に使われているかを把握しましょう。そして、5年後の自分に何かしらの見返りがあるかどうかの基準で、低いと判断したものは思い切って捨てましょう。

とりためたTVドラマを消去する、スマホゲームをアンインストールする、新しいつながりが生まれなさそうな交流会。これらのものは、おそらく5年後に「なぜあの時に捨ててしまったのか！」と後悔する可能性は限りなく低いでしょう。消去ボタンを押す時は結構な勇気がいると思いますが、捨てれば案外すっきりするものです。

弊社でも、受講生と毎月勉強スケジュールについて相談するのですが、その時にその月の「空いている時間はどこですか？」と聞くのではなく、**「絶対に空けられない時間はどこですか？」**と聞くようにしています。

「空いている時間」で聞いた時には、「夜は同僚との飲み会が入るかも」、「今週末はどこかの時間で洗車しなきゃ」と考えていた場合、勉強にあてられる時間は限りなく少なくなります。もし絶対に空けられない時間と聞いた時には、「飲み会は断ろう」とか「勉強で余った時間で洗車しよう」という気持ちになります。

とにかく自分にとっての勉強時間の重要度を上げることです。悠然とした時間を作ることは精神的に有効であることは理解しています。それを否定しているわけではありません。

捨てるべきは、「あってもなくてもよかったな」もしくは「あの時じゃなくてもよかったな」と後で思い返すような時間です。日々の生活の中における重要度の低い活動を思い切って捨てましょう。

何かを捨てなければ、新しい自分は得られない。自分の時間を奪っているものに着目し、思い切って捨ててみよう。

社会人の方からよく聞くセリフとして「勉強する時間がない」というのがあります。しかし、「では明日からずっと休みなら1日10時間勉強できますか？」と聞くと、口を揃えて「それは無理」と答えます。そう、時間があっても勉強しないのです。時間がない、というのは実は優先順位を間違えているだけで、しっかりとやるべきことにフォーカスしていれば、いくらでも捻出《ねんしゅつ》できます。マストなのか、あればよいのかは違います。マストなことに集中しましょう。

3 最初の一歩を徹底して準備しよう！

こういう経験をした人は多いのではないでしょうか？

普段あまり勉強をしない人が、勉強をしようと思い切って机に向かったけれども、机が散らかっていて勉強できる状態になっていない。そこで、机を片付けようとしたら、今度は片付けにこだわりだして、引き出しの中が汚いことが気になり始め、引き出しの整理に没頭する。

そして、その引き出しの中から出てきた昔の参考書を片付けたら、今度は本棚が気になって…。と片付けの連鎖が続き、結果として勉強する時間も体力もなくなっていたというストーリーです。

さらには、本棚の片付けの時に久々に手に取ったマンガを開いてしまった結果、思わず物語に引き込まれてしまい、「いけない」と思いながらも、マンガの続きが気になって、結局、夜更かししてしまったなどの経験もあるでしょう。

大きな石を転がす時を想像してみてください。最初の一手は結構パワーが必要になることはわかると思います。しかし、ゴロっと動き出し始めたら、慣性が働き、その後は比較的大きな力を使わなくても転がっていきます。勉強でも運動でも、自分にとって決して楽ではない作業に取り掛かろうとする際には、精神的なパワーが必要になります。その一歩を乗り越えたら、後は自分の集中力が続く限り取り組めるものです。

前述の例で言うならば、最初の一歩を踏み出そうとしたけれども、「勉強大変だなぁ」というネガティブな感情が、「部屋を片付けよう。部屋が片付かないと勉強に集中できないし」と自分に言い聞かせて逃げ道を作ってしまっています。逃げ道を作らないためには、できる限り事前準備をして、**作業に取り掛かるための心理的負担を極力下げておくこと**です。

勉強で言うならば、前日夜に、翌日勉強する参考書のページを開いておく、鉛筆と消しゴムを横に置いておくという事前準備まで終えて眠りについておけば、余計な心理的負担をかけることなく勉強に集中できます。運動で言うならば、翌朝走ろうと考えていたら、枕元に着替えを完全に準備しておく、場合によっては一部それを着た状態で寝てしまうということも手かもしれません。とにかく、すぐに着手できる環境を整備しておくことで、余計な邪念を持つことなく作業に取り掛かることができます。

また、**作業に取り掛かる開始時間についても入念に設定しておきましょう。**朝型の人ならば、6時には起きて、6時15分までに着替えや洗顔、トイレなどを済ませて、席に着くということをあらかじめ決めておくことです。「なんとなく朝起きて勉強しよう…」というトーンでは、「おなかが空いたから朝食を取ってから始めよう」、「そういえば洗濯を忘れていた」など、やはり自分に言い訳を作ってしまいます。

時間をきっちり決めて、意地でもその時間には席について勉強をスタートすることを大切にしましょう。それが習慣になれば、しばらくすると体が勝手に動き出すようになります。

邪念が入り込む余地がないほどに、事前に徹底して、空間作り、時間作りを行っておこう。

自分への言い訳を生じさせないよう、十分な準備をすることは有益です。気が散るものはそばに置かない、これは鉄則です。スマホやテレビは最も可処分時間を奪います。自分が勉強に集中できる環境は何なのか、ということを理解しておきましょう。

④ 最初の1カ月にこだわろう!

恥ずかしい話ですが、私自身は太りやすい体質のため、常にダイエットを意識しています。おそらく誰かとの会話で「ダイエット中」という言葉を口にした回数は、これまでの人生で1,000回は超えたでしょう。

これまでも半日断食ダイエット、炭水化物抜きダイエットなど、様々なダイエットを実施しましたが、たいていが三日坊主で終わります。ただ、本格的に体重が増えてきた時は本気でダイエットに励みます。

本気でダイエットする時には、3カ月先を目処に目標体重を設定するのですが、とにかく最初の1カ月だけモチベーションを集中します。食べるカロリー量や運動量を定めて行動に移すのですが、特に3日目と30日目という節目を意識して、自分のモード作りをします。

ダイエットしてから最初に躓《つまず》くのはたいてい3日目です。

「痩せるぞ!」という意欲が「食べたい!」という誘惑に打ち勝てる期間はたいてい3日です(あくまで私の経験です)。その3日目の誘惑の壁を超えたら、簡単には誘惑に負けない自分になります。

次は、30日目です。30日経つと、たいてい周りから「少し痩せたね」と言ってもらえるようになります。当然まだ目標数値には届いていません。

この時に自分の心に「もういいかな…」という妥協心が芽生えます。この妥協の壁を越えたら3カ月は走りきれます。これまで何回もダイエットに挑戦をしてきている自分の実体験です。

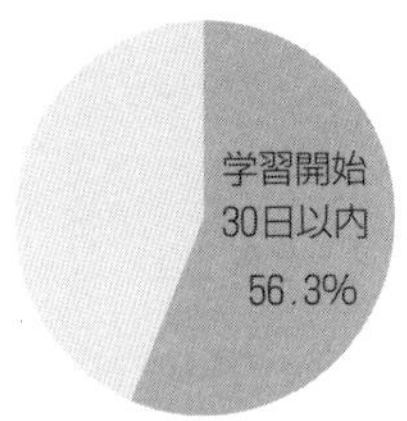

2017年6月向け 簿記3級受験者データより筆者作成

ただ、**30日を乗り切ること、最初の1カ月を踏ん張ることの重要性は、弊社のデータでも同じような結果が出ています。**挫折する方の中で、初月に挫折する方はきわめて多いのです。

入会したけれども試験日に受験をしなかった、すなわち挫折をしてしまった人の中で56・3％の人が初月で挫折をしています。最初の1カ月を乗り切ることが重要であることがわかります。

また、挫折の仕方にもいくつか特徴があります。

一つは初日から連続受講・連日受講した人、すなわち、**スタートダッシュを決めた人**です。勉強しようと始めたテンションそのままに走り出すと失敗します。ダイエットでも、初日から行き過ぎた食事制限は誘惑の壁に負けやすくなることと同じです。

特にアタックタイプの人はこの最初の一歩で踏み外してしまう人が多いようです。一番効率的に成果を挙げてやろうという想いが、逆に効率を下げてしまっているのです。

もう一つは、初月から1週間以上勉強しない時間があったり、時間がある時だけ詰め込んで勉強した人、すなわち、**うまく時間を作れなかった人**です。そういう人は結局ペースを作ることができずに挫折してしまっています。

まずは、最初の3日を目処に自分の学習ペースを作るかを決めることです。3日目までに自分のスタイルを固められるかどうかが大事になってくるのです。

習慣を作るにあたっては、最初の3日目と30日目というのは節目であるようです。学習のモチベーションは高い状態を維持し続けることはできません。

必ず、モチベーションが落ちる時がやってきます。しかし、最初の3日でペースを固めること、そして、何とか踏ん張って最初の1ヵ月を計画通り乗り切ることで、モチベーションをコントロールすることができるようになり可能性が高まります。何かを始める時は最初の3日と、30日という「3の節目」を意識するようにしましょう。

習慣作りは最初の3日と30日が節目となる。この節目までは意地になってでも乗り切る覚悟で取り組もう。

資格スクエアでは、行動を習慣化するために、最低2週間は続けましょうと言っています。2週間続いたことはずっと続けられると言われているからです。3日、30日のほかに2週間という期間も意識してみてください。マイルストーンとしてきっと機能するはずです。

5 ルーティンを創ろう！

CHANGE編（第2章）ではフィーリングタイプの人にルーティンを崩さないことの大切さを伝えましたが、今回はルーティンを作ることの大切さに触れたいと思います。

プロアスリート選手が、いつも朝食にはカレーを食べる、ボールを蹴る際には同じ動作を行うなど、その人特有の同じ活動を繰り返し実施することで、生活のリズムを維持したり、パフォーマンスの精度を向上させることをルーティン活動と言うことがあります。私もよく子供の頃はイチロー選手が打席に立った時の袖を引き上げる活動を真似したものでした。

ルーティンには、一定の作業を繰り返すことで、自分の活動の微妙な変化に気づきやすくする再現効果、過去に成功した時のイメージを刷り込ませる暗示効果、縁起の悪いことを避ける験担ぎ効果など様々な効用があると言われています。

ただ、私はルーティンを行うことの効果で一番大きいことは、下手に考えることを増やさず無心になって取り組める「無心効果」が一番大きいのではないかと考えています。

バッターボックスに入る時や、ボールを蹴る前にどういう動作をするかを、毎度考えていたら本当に集中するべきことに集中できなくなります。この動作をすれば余計なことを考えずに無心になって集中できるという効果です。

有名なビジネスパーソンも、プレゼンテーションの時は毎回同じ服を着るという人もいます。もちろんお金がないからではありません。決めることにいちいち時間を使っていたらもったいないという理由です。

「いつも同じでファッション的には面白みないね」と言われるリスクもあるかもしれませんが、それよりもプレゼンテーションに集中した方がパフォーマンスはあがりますし、場合によってはその人の特徴を表すアイコンにもなります。

人生は決定の連続です。朝起きたらまず何をやるか、何時の電車に乗るか、どのルートで目的地に行くか、毎日決定すべきことがあります。しかし、同じ生活を繰り返していけば、ある程度のことはルーティン化し、無心に体を動かしているのではないでしょうか？

それはその方が精神的に楽だからです。その証拠に、環境が変わったらたいていの人は精神的に疲れてしまいます。五月病というのはその最たる例でしょう。新しい環境が４月からスタートし、まず誰に話しかけるのか、どうやって行き帰りするのかなど、４月いっぱいは毎日が決定の連続です。１カ月も経ってある程度落ち着いた時に、精神的な疲れが表出するのも当然と言えば当然です。

人間には現状の状態を維持しようという特性があります。自分が持っているルーティンを変えたくないという本能です。これを現状維持バイアスと呼びます。ルーティン活動というのは、繰り返すことで現状維持バイアスを作り出し、無心になって活動できる状態を作れるようになるのです。

やるべきことを習慣化させるためには、この現状維持バイアスをうまく活用するとよいでしょう。私の場合、現在英語を勉強しているのですが、必ず行き帰りの電車の中で英語教材を勉強するということを決めています。これまでは本を読んだり、新聞を読んだりする時間にあてていましたが、今は英語だけ勉強する時間と決めています。

最初のうちは、読みかけの本を手に取りたくなる気持ちもありましたが、1カ月ずっと続けていると、電車に乗った瞬間に、イヤホンを耳につけ、アプリを立ち上げて、続きの勉強をするということが、無意識のうちになされています。イヤホンを忘れて勉強できない環境になった時などは、電車に乗っている間ずっとソワソワするほどです。

決断したことを実行するために、余計な決断を減らすということは、継続していく上では大事なエッセンスでしょう。特にフィーリングタイプの人においては、自分の好き嫌いに振り回されることなく、無意識下でやるべきことを粛々と実行していくルーティン作りをお勧めします。

無意識に行動できるようになったら無敵である。
動きを研ぎ澄ますことで、余計な邪念が浮かぶきっかけを遠ざけよう。

ルーティンを身につけたら、たいていのことは続けられます。
私は勉強を始める時に「よし、やるぞ」と言う行動を決めていました。自分の好きな歌を必ず聴いてから勉強を始めるのです。これが自己暗示となり、不思議なことにやる気が湧いて出てくるのです。自分なりのルーティンを発見できるよう、色々と試してみましょう。

6 思い切って体重計に乗ろう！

すでにお伝えしたように、私は様々なダイエットにチャレンジしています。マラソンも趣味で毎年1回か2回はフルマラソンにチャレンジしているのですが、マラソンで記録を上げるためには体重を落とすことが重要です。

体重を1キロ下げれば、マラソンタイムが3分縮まると言われています。3カ月先に申し込んだマラソンで良い記録は出したいけれども、食事制限はしたくないと思った時に、ひと月だけ、練習だけでどれくらい体重が落ちるか実験しました。

月で総計200km走る（マラソン5回分）、食事制限はしない、不安になるから体重計にも乗らないという訳のわからないルールを勝手に決めて、1カ月取り組んだところ、月200km以上走ったのですが、体重は1キロ増えていました。

そこから素直に、体重計に毎日乗って食生活も気をつけることで、すぐに体重は減少していきました。

やはり、自分を律することなく無計画に行動していても、成果はついてきません。**目標を設定して、できる限り頻度高く自分の状態を数値化し、その結果に基づいて自分の行動を再設定すること**は勉強においても大変重要です。

弊社のデータでは、公務員試験を受験しようとしている人で、私たちが提供した模擬試験を全部受験した人の一次試験合格率は53・1％です。一方で、授業でインプットはしているものの、模擬試験を受験しない人の一次試験合格率は24・8％です。模擬試験を受けることで、苦手な分野や成長した部分を確認し、進捗を明らかにすることで、自分への危機感や自信を持たせることができるのでしょう。

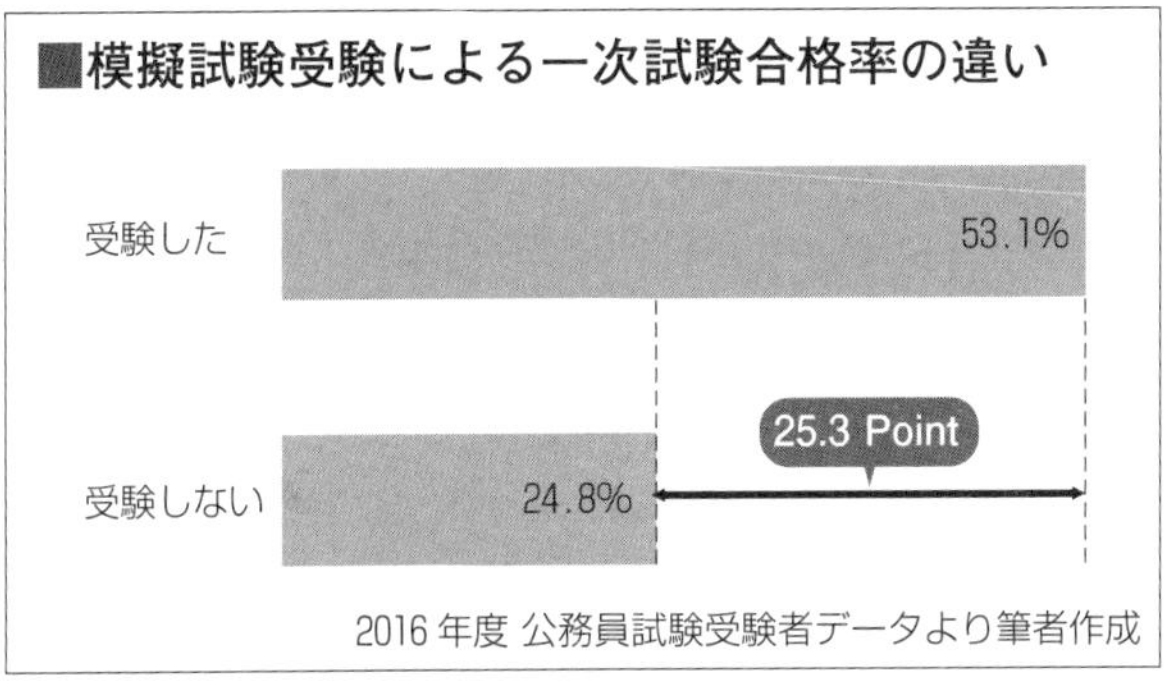

2016年度 公務員試験受験者データより筆者作成

模試を受けない人に話を聞いてみると、「まだ自信がないので受けたくない」という理由が大半です。過去問を解かない人の理由も一緒です。過去問は自分が目指すレベルと、今の状態を知る絶好の素材なのにも関わらず、「過去問は本番のレベルなので、どうせできないからまだ取り組まない」という発言をよく聞きます。

どうやらこの特性はシンキングタイプの人に多いようです。劣っている自分を見たくないのでしょう。それが人に知られるとなるとなおさら嫌がります。

満を持して臨みたいという気持ちもわかります。誰しもできていない自分を受け入れるのは辛いものです。しかし、練習試合に出ることなくバッティングセンターばかりで練習していても自信は積みあがりませんし、仮に自信がついたとしても、試合では練習どおりに体は動いてくれません。

自分を直視することなく自分を律する、行動を変えていくことはやはり困難です。どんなに不安があったとしても、自分自身をモニタリングする機会を設けること、そしてそれを明らかにして次の行動につなげていくことは、継続して成果をあげる上で大事な作業です。

頻度については、**学び始めの初期には可能な限り頻度高くチェックするほうが良い**と思います。

最初のうちは「結果が出なくてもしょうがないか」と諦めもつきますし、また自分自身の成長感覚をつかみやすくなります。どこまで頑張ればどれくらいの成果がついてくるということがわかれば、自分自身の勉強の励みにもなります。

さらには、体重計に乗る習慣を作ることもできるでしょう。自分自身をモニタリングすることを楽しめるレベルにまで持っていければ、目標達成の可能性は格段に高まることは間違いありません。

まるでショウウィンドウに映る自分の姿を確認して、姿勢を正すくらいのライトな気持ちで、自分の成長状態を確認しましょう。

自分を直視することなくしては結果がわからない。結果がわからなければモチベーションも続かない。恐れることなく自分を直視しよう。

本番で一度失敗するくらいなら、練習で100回失敗するほうがずっといいですよね。そのことは皆わかっているのですが、普段の練習で恥をかきたくないという気持ちが強いのでしょう。体重計に乗らない人は多くいます。「練習の恥はかきすて」とばかりにドンドン恥をかいて実力をつけてください。

7 節目を作って立て直そう！

モニタリングして自分の状態を確認した後は、すぐに自分の動きを修正することです。たとえば勉強計画を立てていたけれども、それが想定どおり進捗していなければ、その弱点を踏まえて目標から逆算して計画を設定する必要があります。そして、勉強に関するモチベーションを継続する上では三つほど注意点があります。

まずは、**今の自分を冷静に見つめること**です。できたこともできなかったことも含めて冷静に自分を見つめましょう。

自分をモニタリングする際には、ここまで頑張ったのだから合格点に届いているはずだ、ある程度は成果を実感できるはずだ、という期待感が必ずあります。その時に、その期待に対して実現できなかった自分を見た時に、「今まで何のためにやってきたのか…」とひどく凹《へこ》む人がいます。

ある程度の凹みは次へのエネルギーにつながりますが、凹みすぎは自己嫌悪に陥ります。過去は変えられないものと割り切り、「さぁ、これからどうする」という視点で臨むことです。その時に、自分自身を客観的に見てくれるコーチのような存在がいればよいのですが、いちばん手っ取り早い方法は自分が自分のコーチとなることです。

もう一つは、モチベーションがうまく続かないなと思った人は、**新しい計画スケジュールを書き直すこと**をお勧めします。真っ白なスケジュールを目にすることで、自分に新たな節目を提供してくれます。年始の計のように、計画を立てて何かを開始した時の気持ちは、気力が充実しているものです。

計画を粛々とこなす中で、いつしかモチベーションは右肩下がりに低下していきます。そういう時はモニタリングした節目を利用して、計画スケジュールを作り直すことで自分の気持ちをリセットしましょう。

最後は、進捗が悪い時に、焦って参考書や新たな学習教材を刷新するなど、これまでの学習方法までゼロリセットしてしまう人がいますが、これはお勧めしません。苦しくなってあれもこれも手を出すと、どれも中途半端に終わって結局何も手に入れられないということはよくあります。

今までのやり方が根本的に間違っていたら必要かもしれませんが、たいていのことは、やり方ではなく、「やりきっていなかったこと」が原因になります。運動でも仕事でも何でもそうですが、**苦しい時こそ原点に返って、やるべきことを徹底する**ということが大事です。

まずは現実を直視すること、そして冷静に自分を見つめ、苦しい時こそあれやこれやと手を出さず、やるべきことを定めてスケジュールを書き直す。自分の目の前に広がる計画を立てたばかりの新品のスケジュールが自分を奮い立たせてくれるでしょう。

計画はあくまで計画である。最初の計画に固執せずに、新たな計画を立てることで、目の前の道を進む活力が生まれる。

勉強計画は、それを絶対にずらしてはいけない、ということではありません。常に計画とのずれを観察できるようにするためです。ですから、計画がずれた時には当然その見直しをしてしかるべきです。不断に計画を見直していくこと、それも勉強計画立案の一環だと思って常に振り返るようにしてください。

8 ゆっくりでも足を動かし続けよう！

マラソンを10回以上経験すると、ある程度まとまったタイムを出せる時と、出せない時の差がわかってきます。当然、体力的に見るとそれまでの練習量によって比例的に変化します。ただ、ちゃんと練習をしていても、本番でのペース配分を間違えると大きくタイムを崩してしまいます。このペース配分の中で重要なことは飛ばしすぎず一定のペースで走ることですが、もう一つ大事なことがあります。それは、**足が動かなくなってきた時のペースの作り方**です。

具体的に言うと、足が動かなくなってきた時に、安定的に動ける最低限のペースを維持するということです。30㎞を超えると必ずどこかで足が動かなくなってきます。その時にこれまでのペースを維持しようと努めると数キロで本格的に足が動かなくなり、立ち止まってしまいます。残りの数キロは重たい足を引きずりながらゴールを目指す地獄の時間です。しかし、これまでのペースを維持しようと踏ん張らずに、思い切って最低限足が動き続けるペースに切り替えます。狙っている予定タイムから崩れてくるので精神的には焦りは生まれるのですが、「必ずどこかで足が復活する」と思いながら、動く最低限のペースで動いていたら、ゴールが近づいてきたあたりから、足が復活し始めます。場合によってはスパートをかけることができて、まとまったタイムを作ることができるのです。

弊社の受講生においても、同じことが言えます。キャリアスクールですので働きながら学んでいる人も結構いらっしゃいます。そのため、仕事が忙しい時などは、どうしても勉強そのものが後回しになってしまいます。仕事が忙しい人のための休学という制度があるのですが、休学制度を利用すると、モチベーションを取り戻すことができずに、そのまま途中で勉強を挫折してしまっている人を多く見かけます。

一方で、これまで平日週2回通っていた人が、仕事が忙しくなった時に、週1回に回数を減らし、場合によっては2週間に1回に減らしてでも通った場合、しばらくして、**仕事に余裕ができた時に、遅れを取り戻すべく勉強をして、何とか試験受験や合格までたどり着くことができます。**

勉強でも仕事でも何でもそうですが、どこかで自分の体力やモチベーションが維持できなくなる時が必ずあります。そんな時に、無理して自分の体を動かそうとしても、悪循環に陥ることが結構多いものです。そういう時は、無理して自分を鼓舞しようとする、もしくは足を止めるのではなく、とにかく足を止めることなく最低限のペースを維持しようと努めることです。そのペースで耐えていたら、いつしか自分の流れを取り戻すことができます。

ただし、フィーリングタイプの人には注意が必要です。意識してペースを変えないと、負の感情に襲われてしまいます。覚悟して、新しく設定したペースをしっかりと維持するようにしましょう。

一度、火を完全に消してしまうと、もう1回火をおこしなおすことは相当なエネルギーを使います。本当につらくなってきた時には、これまでの習慣を変えてもよいので、とにかく足を止めることなく一歩踏み出し続けましょう。

つらくなる時は必ずある。そういう時は、ペースを変えてもいいので、足は動かし続けよう。結果として元のペースを取り戻すことができる。

試験勉強というのは基本的につらいものです。つらい時にこそ、差が出ると思ってください。講義を受けなくなったり、受験をやめてしまう人も多いのですが、そうならないためには、最低限のことをやり続けるというのを意識することです。

関係作り編

「親や先輩に怒られる」、「好きな相手に認められる」など、モチベーションというものは、人間関係によって大きく上下します。最近の研究では、健康であり続けるためには、孤独にならないことが一番であるとも言われています。自分を高め続けるためには、良質な人間関係が必要不可欠です。

9 鏡になってくれる友人

心理学の用語で鏡映自己《きょうえいじこ》という言葉があります。自分自身を鏡に映して確認し、適宜修正しながら自分への自信を取り戻す方法です。

その時に鏡となるのは、他の人です。

特に自分に自信がない人は、本当は、自分は嫌われているのではないだろうか、空気が読めない人間と思われていないだろうかなど、周りからの見られ方において過剰に不安になります。

そんな時に、周りから見た自分を知ることで自分を正しく把握し、過剰な自己嫌悪を防いだり、自分の良い部分を再認識できたりします。

勉強というのは基本一人です。**スクールに通っていたとしても、最後の成果を享受するのは自分ひとり**です。

自分で自分を律しながら地道に取り組んでいかなければなりません。しかし、思うように進捗しないと、焦りばかりが募って、目の前の課題に手がつかなかったり、落ち着いて取り組まなければならないのに、過密な勉強スケジュールを立ててしまったり、自分自身でコントロールしているつもりでもできていないことは、結構あります。

そんな時に必要なのが、**自分を律してくれる他人の存在**です。

順調に進んでいる時には、慢心《まんしん》してしまっていないか、自分が目指している姿とギャップが生まれた時には、過度に自分のことを卑下《ひげ》してはいないかなどを冷静に指摘してくれる存在が貴重になります。

猪突猛進《ちょとつもうしん》して失敗するアタックタイプ、ペースの乱れが心の乱れにつながるフィーリングタイプ、できない自分から目を逸らそうとするシンキングタイプ、周りからの承認がなく孤独感を感じてしまうレシーブタイプ。

それぞれのタイプにおいて、もし自分の特性を理解して、鏡となってくれる人がいれば、行動を律することができます（タイプ診断は第2章をご覧ください）。

鏡となる相手は、できれば三つの観点で探しておくとよいでしょう。

人は困った時に、**「自分のことをわかってくれている」**、**「いつも近くにいてくれる」**、**「正しい意見をくれる」**のうち二つ以上の条件を持っている場合に相談すると言われています。

「自分のことをわかってくれる」、「いつも近くにいてくれる」という存在では、家族、友人、恋人などがそうでしょう。

「正しい意見をくれる」という存在では、先に勉強している先輩や、インストラクターやチューターなどがそうでしょう。

独学ではなくスクールに通うことの意味は、インストラクターやチューターなど、常に鏡となってくれる人の存在が大きいと思っています。

勉強というのは孤独なものです。孤独であるからこそ、定期的に他者と接点を持っておくこと、勉強の進捗などを報告することをあらかじめ決めておくことが大切になってくるでしょう。

自分にとっての「モチベーションパートナー」を見つけておくとよいでしょう。

「自分のことをわかってくれている」、「良き意見をくれる」、「いつも近くにいる」そんな存在を大事にしよう。

モチベーションパートナーは親族などの親しい人間でももちろんよいのですが、その関係性から、ついつい要らないことまで言ってしまいがちです。スクールのチューターなどは、一定の距離がありつつも、親身に見守ってくれる存在なので、そうした一定の距離のある人を鏡にすることが有効です。

10 チーム戦に持ち込む

人間の本能として、競争意識というものがあります。最近の教育は競争を避ける傾向にあるようですが、たいていは幼少期の頃から、何かに熱中させるために競争という手法がとられています。

そして、それがチーム戦となると、自分の失敗が全体に対して影響を与えてしまうので、さらに手を抜くことができません。

弊社が所属するリンクアンドモチベーショングループでは、グループ全員で年に1回テストを実施しています。会社の基本となる考え方を記したＤＮＡブックから問題を作り、その理解度や定着度を測る目的で実施しています。このテストに対する取り組み姿勢がすごいのです。「ここまで勉強したのは受験の時以来だ」という人もいるくらいのレベルです。

１００点満点のうち80点以上で合格です。最終的には、全社員が見られるイントラネットに全員分のテスト結果がアップされます。

個人の結果まで公表されるので、皆、必死になって取り組みます。しかし、皆が本気になる仕掛けはこれだけではありません。

所属組織別の平均点も掲載され皆で競い合っています。このチームの平均点が本気に火をつけています。

自分ひとりであれば、最低でも合格点を取れるだけの勉強になりますが、**チーム戦となると自分ひとりの甘えが組織全体の足を引っ張ります。**

オリンピックやワールドカップに見られるように、自分のアイデンティティーが濃い組織であればあるほど、その組織が負けることに大変な悔しさを感じます。勝ちたいと思うからこそ、支えあいの精神も発揮されます。支えてもらったら結果を出さなければという意識も強くなります。

80点取ればいいやという発想は許されません。全員が100点を取る意気込みで臨みます。

まるで体育祭において一致団結する時の感覚に似ています。もはや単なるテストという枠組みを超えた「祭り」となっています。

この「みんなで勝ちたい」というパワーを利用することで、勉強熱を持続させることも可能です。

たとえば、宅建士試験という試験があります。不動産業で働く上では、ほぼすべての会社でこの宅建士試験に合格することを推奨しています。しかし、忙しい仕事の合間を縫って勉強時間を割くことは容易ではなく、毎年受験するだけという人も多いようです。何とかして合格者を増やしたい人事部としても、勉強費用を肩代わりするだけでなく、合格手当てを支給したりなど試行錯誤しています。

弊社にも企業から宅建士試験合格に向けた勉強サポートの依頼がありますが、現在弊社が実施している方法としては、定期的に会社別のランキングを提示することです。

途中途中の理解度を測るテストの結果や勉強の進捗度を会社単位で順位をつけて、人事部や勉強している人に報告する方法です。コンプライアンス上、他の企業名は伏せますが、自分の会社が業界の中で負けている状況がわかることは、会社としても看過できません。会社のこととなると「まぁいっかぁ…」という感覚は許されません。周りからのプレッシャーもあるかもしれませんが、勉強を挫折させない方法としては有意義に機能しています。

独学で勉強している人も、定期的にスクールに通うなどで、一緒に戦う仲間を作ることはできます。仲間で相談して、「次の模試では全員の平均点は○○点上げよう」などの目標設定をすることも機能するでしょう。

とにかく、勉強は孤独なものだからこそ、お祭りモードにしてしまうこともモチベーションを維持させる一つの方法です。

祭りは人を奮い立たせる。みんなで成し遂げる目標を作り出し、そのエネルギーを力に変えよう。

私は大学受験の時、同じクラスの友達と模試の順位を競うとともに、同じクラスの友達で全国の上位を独占しようという気持ちでテストを受けていました。全国で高校の名前を背負って戦う同志でもあり、ライバルでもあるという存在でした。そうしたお祭りムードで勉強すると、模試までも頑張れますし、そもそも勉強が楽しいものになります。遊びの要素を勉強に取り入れてしまうということです。

11 流れに身を任せる

ある物語です。学校の行事において、クラス対抗の合唱コンクールがありました。リーダーであるAさんは、コンクールで優勝しようと一生懸命クラスメイトをまとめようとします。けれども、なかなかみんなその気になってくれません。思春期まっさかりの頃は、歌を一生懸命歌うなんて恥ずかしくてできないという男子が結構います。Aさんは、何を言っても響かないクラスメイトに挫けそうになりましたが、それでも、諦めることなく本気でみんなを鼓舞《こぶ》し続けました。その結果、ひとり、またひとりとそれに呼応する人が増えてきます。それでもまだ全体の30％しか本気になってくれていません。ある時、クラスの中で、いつも悪ぶっている集団のリーダー格の生徒が、ついに声を張り上げて歌ってくれるようになりました。そこが臨界点《りんかいてん》となり、一気に本気で歌う人たちの輪が広がりました。最後まで、斜に構えている生徒もいましたが、全体の90％が本気で歌い始めたら、歌を一生懸命歌っていない自分の方が恥ずかしいという気持ちに変わってきました。最終的には全員がコンクール優勝に向けて本気で練習に臨み、本番は大成功。みんなで鳥肌が立つような感動体験を共有することができました。

部活動でも、クラス行事でも、町のお祭りでも何でもよいのですが、誰かの本気が徐々に周りに伝播《でんぱ》し、その結果、一つの目的に向かって熱中する集団となり、最終的にはその中に身を任せることで得も言えぬ感動を味わった経験がある人も多いのではないでしょうか。

周りの空気に流されやすいのが人間であり、なんだかんだ言って何かに熱中することが好きなのが人間です。上記の物語の中で登場した、歌うことが恥ずかしいと思う自分も、歌わないことが恥ずかしいと思う自分も、同じ人です。ただ、違うことは周りの空気が変わっていったのです。周りの空気に抵抗することは容易ではありません。そして周りの空気に流されて本気になった結果、有意義な経験を得られたということです。

何が言いたいかというと、**人間は周りに同調しようとする本能があります**。本気のエネルギーが充満しているところに身を置くことで、自分自身もそのエネルギーを感じ取って、何かに熱中することができるということです。

スクールや塾に通っていない社会人や学生も、ひとりで勉強を続けるには困難を伴います。自分の気持ちが乗っていない時には、喫茶店やファーストフード店などでの勉強は避けて、図書館やスクールの自習室など、周りが熱中して勉強している環境に、意識して身を置いてみることで周りからエネルギーを受け取ってみてはいかがでしょうか。

電車の中で勉強する人も多いと思います。最近では、たいていの人がスマホでＳＮＳやゲームに興じている様子です。その中で孤独に勉強するのもしんどいものです。もしも、「この車両だけは勉強する人たち専用」という車両を提供する粋な鉄道会社があったら面白いかもしれませんね。

本気エネルギーは伝播する。本気の空気が流れる空間を見つけ出し、そこに身を置いてみよう。

自習室や図書館ではみんなが勉強しています。私自身が大学受験の時には、地元の図書館に通いつめ、周りの真剣な空気に刺激を受けて勉強していました。大学院の時も同じく、目の色を変えて勉強する仲間が周りにいたから刺激された部分はおおいにあります。本気さを感じ、自分も本気になることで、本気の相互作用とでも言うべきオーラが生じるのです。

12 ものまねする

子供の頃、ヒーロー戦隊のような少年向けやアイドル戦士のような少女向けテレビ番組を見て育った人は多いでしょう。だいたい小学校3年生までで卒業する人が多いようですが、この番組を見た後は、近所の友達とヒーローごっこやヒロインごっこに興じたものです。

その時は自分が正義のヒーローになった気分で、悪に立ち向かっていることに興奮を覚えていたのでしょう。年を経るにつれて、世の中そんなに甘くないことや、正義だけでは片付けられない問題があることを理解し、無邪気な自分から大人になっていくプロセスを味わっていくものです。

しかし、理想の自分になりきるということは、齢をとっても結構あるものです。たとえば、あるワイルドなロック歌手のコンサートに行った帰り、なぜか自分の中で若干ワイルドに振る舞っている自分がいたりします。または、気づいたら学校や職場で、尊敬する先輩や上司の振る舞いを真似《まね》ていることなども経験としてはあるのではないでしょうか？人は憧れの対象と同質化しようとする習性が備わっているようです。

その習性を利用することで、自分自身の学習態度を良い方向に持っていくこともできます。自分の目指す姿を実現した人が読んだ本や、取り組んだ参考書をそっくりそのまま流用する。**試験の合格に向けて成功してきた人の生活習慣をそのまま真似る**などです。

もし、朝の1時間は必ず勉強時間にあてていたのならそれを真似る。週に1回は何をしなくてもよい日を設けていたのならそれを真似る。まるでその人が歩いた道のりを後追いするかのように進んでいたら、いつしかそれが自分のものとなり習慣となります。

この時に注意が必要なことは、自分の中でのNGワードを持つことです。誰かの後追いで、ものまねして取り組んでいっても、思うようにいかないことも多いものです。「どうせ自分は…」、「やっぱり自分は…」というように、ネガティブワードが出た瞬間に、まるで戦隊ヒーローの魔法がとけたように、現実の自分に引き戻されます。

そういう言葉が出そうになった時こそ、「あの人だったらどのように考えるだろう」、「どのように行動するだろう」と切り替えて考えてみましょう。もしわからない場合は、実際に質問しに行ってもいいかもしれません。

子供向けのテレビ番組で「ヒーローやヒロインが負けてしまった」というストーリーはありません。最後は必ず勝利します。そのように信じて、自分自身をマインドチェンジし続けられた人が最終的な成果を手にすることができるのでしょう。

最後は必ず勝つと信じている人は、苦しい道中にあったとしても、それが自分にとっての糧《かて》となると思っていますし、最後に振り返った時に良き思い出として思い返す自分をわかっているものです。

憧れの存在になりきろうとすることで、弱気な自分から立て直すことができる。憧れの存在をイメージし続けよう。

司法試験の勉強をしていた時、有名な弁護士が書いた、弁護士の国際化に関する本を読んで身震《みぶる》いした記憶があります。憧れの弁護士になった姿を夢想し、そこにいる自分をイメージすることで、絶対に合格するんだという強い気持ちが湧いてきました。自分のロールモデルを見つけると、挫けそうになった時に立て直すことができます。

13 結局のところ人は人でしか磨けない

世界で一番固い物は何かご存知でしょうか？　最近の研究ではウルツァイト窒化ホウ素と言われる鉱物らしいですが、これまでは一般的にダイヤモンドと言われていました。ダイヤモンドは皆様もご存知のように、指輪やネックレスなどのアクセサリーに使われている高級品です。ダイヤモンドの鉱石は、鉱石のままでは無骨な形をしています。それが磨かれることによって光り輝き、形状を整えることによって誰からも重宝される存在へと変化していきます。

では、世界で最も固いと言われていたダイヤモンドは、何によって磨かれるのでしょうか。鉄などの普通の鉱物では、削ろうとした段階で逆にダイヤモンドに削られてしまいます。したがって、細かい技法はわかりませんが、ダイヤモンドは同じダイヤモンド鉱石によって磨かれているのです。

人間を磨くプロセスも結局のところ同じなのではないでしょうか？　人は生まれた時は、何も磨かれていないまっさらな状態です。そして両親や兄弟との関わりを通じて、言語を学習し、言語を得ることで、「これを空というのか、きれいだな」、「これをパンダというのか、かわいいな」など、これまでよくわからなかったただの物体が少しずつ色づいていきます。そうすることで世界を広げていきます。もし、人が動物によって育てられた場合、人間に通じる言葉を話せないのは当然として、食べ方や歩き方など行動スタイルもすべてその動物のような動きになるという事例も報告されています。

学校生活がスタートする頃になると、今度は人間関係を学びます。「このように発言すると友達をなくすのか、悲しい気持ちにさせてはいけない」、「欲しいと思っても満たされないこともいっぱいあるのだ、我慢することも大事なのだ」など、人間社会で調和して生き抜くためのコツを、友人や先輩との関わりを通じて、場合によっては心を傷つけながらも体得していきます。

社会人になると、今度は人間社会における価値の生み出し方を学びます。「今の世の中で必要なことは何か、それをやり遂げたい」、「自分は何を求められているのか、周りに貢献したい」と感情を持ち、自分がこの人間社会で生きている価値を、何かしらの行動を通じて還元していきます。それはお客様との対話や、上司や同僚との議論を通じて少しずつ育《はぐく》まれていくものでしょう。

これからは人工知能（ＡＩ）の時代がくると言われています。どんなにＡＩが進化しても、この人間を磨いていくというプロセスは人間にしかできないのだろうと思います。この物体をパンダという、この空間を空というなど、知識そのものは教えてくれるかもしれませんが、「きれいだな」とか「かわいいな」という感覚そのものは感じ取れないでしょう。それらはおそらく、両親が、満面の笑みでその感情を伝えることで、その人の中にそのような感性が宿っていくのだと思います。「我慢が大事」や「貢献したい」などの意思も同じ原理でしょう。

どんなにAIが社会に物理的に存在する森羅万象のパターンを習得しても、愛情や友情など、人と人の間に存在する目に見えない力学までは、0と1の電信記号では再現できないでしょう。人は見えるものだけではなく、愛情や友情などの目に見えないものによって動かされているのだと思います。

もはや言い尽くされた感もありますが、近年は様々なものが電子化されています。教育の世界にもご多分にもれずAIの波がやってきています。タブレットを使ってカスタマイズされた学習、自動的に質疑応答してくれるシステムなど、いろいろなところで研究から実証サービス段階に入っています。教育関連の分野は時代から取り残されることが多いため、こういったものにはセンシティブにキャッチアップしていくことは間違いなく大事です。

ただ一方でIT技術は、効率的に知識をインプットしてくれるものの、やはり活動を継続するための「このために頑張る」、「今やらなければ！」などの本気モードにさせることは得意ではありません。そういった**感情を維持することは、一人では難しいものです。**自分の感情や感性を磨いてくれる人と多くつながりを持つこと。

それは勉強仲間に限りません。今、仕事にすごく熱中している人かもしれません。社会人をリタイアして平穏に暮らしている親戚かもしれません。むしろそういう人の方が、自分にプラスの感情を与えてくれる可能性もあります。勉強中はとかく孤独になりがちです。何かに本気になっている人、もしくは本気で活動した人との対話を通じて、自分の感性を磨き、維持させていきましょう。

ITテクノロジーだけでは心は動かない。自分を励まし、応援してくれる人の存在に感謝しよう。

人は人でしかモチベートできない。これはその通りです。いくらパソコンに「がんばったね」と言ってもらっても、生身の人間の「お疲れ様」には勝てないのです。親や配偶者、先生やチューターなど、自分を励ましてくれる存在は非常に重要です。

14 誰かに信じて賭ける

昔は、教育の世界では一般的に師弟関係がはっきりしていて、尊敬する師匠の指示に従うことで、必要な知識やスキルを得られることはもちろんのこと、「この人の言うことだったら安心できる」、「自分もこの人のようになりたいから頑張る」というプラスの感情を継続することができました。

現代においても師弟関係の有効性は一緒だと思います。

一方で、**現代はこの師弟関係が失われつつある**ように思います。学校を見ても、昨今のメディアの傾向からか、教師は聖職であり発言は絶対であるという感覚は失われつつあります。

教師の指導的発言の揚げ足を取り、時にはメディアに大々的に取り上げてもらうことで、自分たちの優位的地位を保とうとする、いわゆるモンスターペアレンツが存在しては、教師の発言も萎縮《いしゅく》しますし、絶対的な威厳性《いげんせい》も失われていくのも当然です。

職人の世界も、「10年は下働き」などという暗黙の前提が崩れつつあります。寿司職人養成学校である「東京すしアカデミー」では、寿司職人を最短2カ月で養成しますと謳《うた》っています。

社会的には賛否両論ありますが、この取り組みの良し悪しではなく、教える側と教わる側という関係性に着目すると、師匠と弟子という上下関係よりは、お金を払うことでスキルを提供してくれる対等なパートナー的な感覚のほうが強いでしょう。

このような環境になってくると、**学ぶことの意味を自分で考えなくてはならなくなってきます**。これまでは、「師匠の言うことをやっていれば間違いない」と盲目的に取り組むことができたことが、「この勉強は本当に価値があるのだろうか」ということを常に確認していく必要に迫られます。

自分で考えて行動できる人であればよいのですが、たいていは悩みます。勉強した先に得られる世界をイメージすることはできますが、勉強する前から完全にその世界を理解することは原理的に無理だからです。最後は**「とにかく信じてやってみよう」という賭けの要素**が残ります。

その時に、何を信じるかは皆さんで見つけるしかありません。勉強を指導してくれているカウンセラーの存在かもしれませんし、先人として活躍している先輩の声かもしれませんし、先人が書いた書籍かもしれません。

いちいち悩んでいる時間はもったいないものです。「一回この人が言っていることを信じてやってみよう」と意識して飛び込んでみることも大切です。

あれこれ考える前に、まずは盲目的に信じてみよう。
行動した結果、後から意味が見えてくることもある。

誰を信じるか、何を信じるかは、自分の頭で考えましょう。でも、いったん「これを信じる、この人を信じる」と決めたらあとは一直線。そのやり方にそって、無我夢中でやり抜くだけです。結果が出る前に迷いが生じるのは、決める時の覚悟が甘いだけ。信じたらとことん、その姿勢で勉強しましょう。

おわりに

◉キャリアを挫折させない

今日行きたくなる教室

これは、私が代表を務める㈱リンクアカデミーのポリシーです。弊社は、日本最大手のパソコンスクールブランドであるアビバと、老舗の資格スクールブランドである大栄の二つのブランドを運営するトータルキャリアスクールです。

組織人事領域で経営コンサルティング事業を営んでいる㈱リンクアンドモチベーションが、2011年に株式会社アビバを、2013年に大栄教育システム株式会社を買収し、2014年1月より両社を統合する形で、リンクアカデミーをスタートさせました。2014年の7月より私は㈱リンクアカデミーの代表として経営業務にあたっています。

アビバと大栄はすでに30年以上の歴史があります。アビバにおいては、マイクロソフト社のウィンドウズ95販売に端を発するパソコンブームに乗じる形で、パソコンスキル指導会社として文字通り破竹の勢いで成長を遂げた会社です。

１９９０年代後半から２０００年にかけて、ＣＭでその名前を見ない日がないほど大々的にプロモーションをかけ、全国で３００拠点以上の教室を構え、日本人のパソコンリテラシー向上に大きく寄与してきました。まさに一時代を築いた会社です。

アビバは時代の変遷の中で、数度の経営危機を乗り越え、親会社をいくつか変えながら、現在でも業界ナンバー１の地位を保っておりますが、パソコンスキルの一般化は年々進み、かつてのように「とにかくパソコンを習わなきゃ」という初学者ニーズが減ってきた結果、マーケット規模に合わせて規模を縮小させてきました。

大栄は、１９７１年に大阪の京橋で創業した大栄経理学院が基になっています。大栄ブランドは日本ではじめて全国展開した資格スクールとして、１９８０年代には日本にある資格スクール会社の親分的存在でした。現在50代から60代くらいの年齢の方々においては、大栄というブランドを認知していただいている方も多いと思います。

21世紀になり、資格受験者の減少や、競合会社の台頭などで徐々に規模を縮小していき、リンクアンドモチベーショングループにグループインした段階では、東北、関西、中四国、九州を中心に何とか踏ん張って経営している状況でした。

そのような歴史ある両社が統合する形で㈱リンクアカデミーはスタートしました。その背景にあるのは、単なる資格やパソコンスキルなどの「身につけるべきもの＝スキル軸」でサポートするのではなく、今後の目指すべき姿や就きたい仕事などの「なりたい姿＝キャリア軸」でサポートすることこそ、本当の意味での顧客価値であるという信念です。また、真の意味で、ワンストップでキャリアを支援している会社が、世の中に存在していないという状況も統合を後押ししました。

当初は歴史ある両社の慣習や、各々のプライドの衝突などもあり、トータルキャリアスクールとしてキャリアをサポートする体制としては脆弱《ぜいじゃく》な部分がありました。

そのような中で、統合軸として定めたコンセプトが、「今日行きたくなる教室」です。教育とは、〝きょういく（＝TODAY GO）〟ことが大事であり、とにかく通い続けていただくことではじめて価値を提供できるという考え方です。

本当の意味で、目指すべきキャリアを実現するために、何よりも大事なことは、自らを高め続けようという意思を持っていただくことです。

資格取得やパソコン操作の習熟はあくまで手段です。目的は、目指すキャリアを実現することです。そのために、弊社にお越しいただいた受講生の皆様が挫折することなく、今日も明日も学び続けようと思ってもらうことこそが、私たちの基盤であると考えたからです。

アビバも、大栄も、受講生の願望を実現させたいという願いや、親身になってサポートしたいという熱意はもともと持ち合わせていました。そのエネルギーを両ブランドの統合軸として定めて、「私たちの役割は、とにかく挫折させることなく学びを継続させるのだ。そのためには、とにかく私たちが〝今日行きたくなる教室〟を作ることである」と社員に伝え続けてきました。

◉学習継続率90％以上

〝今日行きたくなる教室〟というコンセプトから、私たちはとにかく受講生に教室へ足を運んでもらうことに徹底注力しています。

現在、年間３０、０００人以上の方々が、弊社を通じてキャリアップに励んでいますが、弊社に入会された方の約90％が、毎月必ず教室に足を運んでいただいています。90％という数字を高いと見るか、低いと見るかはありますが、私は10％の人を挫折させてしまっていると捉えていますので、まだまだ改善の余地はあると考えています。

仕事で転勤になった、目指すべきゴールが変わったなど様々ありますが、残念ながら学

■エビングハウスの忘却曲線

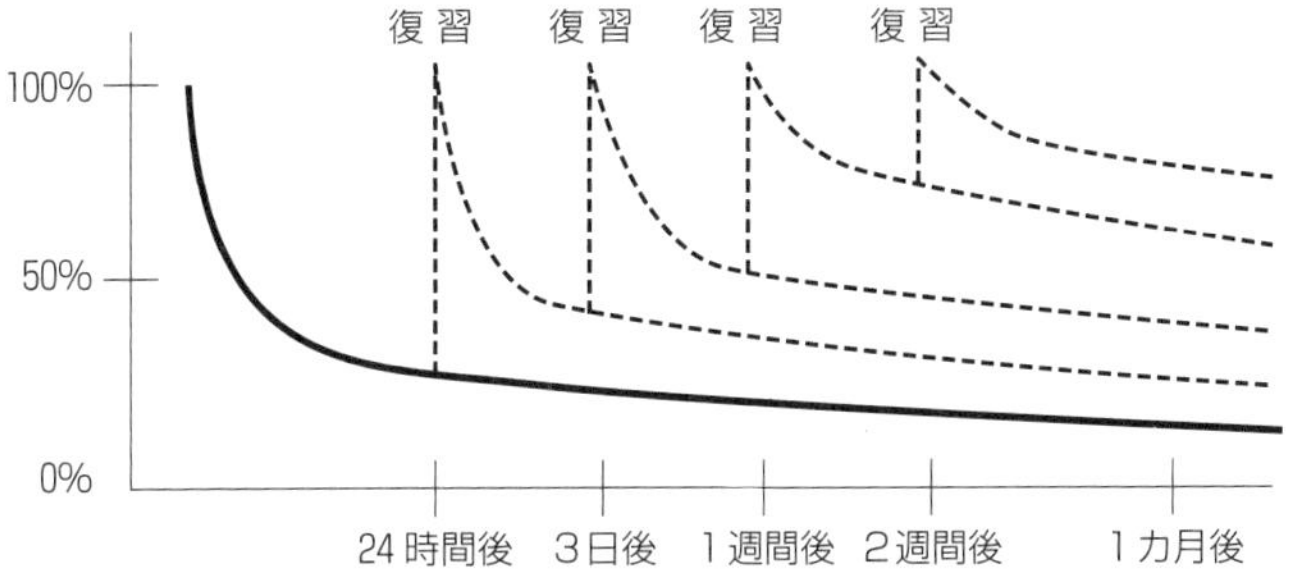

習を途中で止めてしまったことは事実です。この数字が１００％になることを目指すことこそ、私たちの使命であると思っています。

パソコンスキルの習熟においては、月に最低8回以上は出席いただいています。1回の授業が90分なので、特に働きながら学んでいる方々においては決して楽ではない回数です。しかし、スキルの定着という目的から考えると、このペースを維持することが必要であると考えているからです。

この頻度で通い続けることの重要性を伝えるために、受講生の方々にこのような問いを投げかけることがあります。

「3日前の晩御飯を覚えていますか?」

昨日ならばまだしも、3日前となると即答できる人は稀でしょう。エビングハウスの忘却曲線というグラフがありますが、これは、経過日数ごとの人の記憶の減少率を示しています。

グラフにあるとおり、２日経過すれば約20％しか残っていません。そのタイミングで復習をすれば、また１００％に戻ります。そして、今度は１週間経過しても約50％までしか下がりません。

継続と復習の重要性を伝える時によく使われるグラフですが、やはり学習効果を高めるためには、継続していただくことこそが重要なのです。

「今日行きたくなる教室」をコンセプトに、高い継続率で学習していただくこと、それを通じて自らのキャリア価値を高めていただくこと。弊社はそのノウハウを高めてきました。

本書を手にされた方の中には、資格試験でも、パソコンスキルでも、語学学習でも、受験勉強でも、自分を高めようと新しい勉強に着手したけれども、途中で挫折してしまった経験をお持ちの方も多いと思います。

本書を通じて、「どのような心構えで始めるべきか」、「どのような勉強方法を選択するべきか」、「何に注意を払うべきか」を学んでいただけたなら幸いです。

小栗　隆志

《著者紹介》

小栗　隆志（おぐり　たかし）

1978年生まれ、早稲田大学政治経済学部卒業。

㈱リンクアンドモチベーションに新卒一期生として入社。

2014年に、パソコンスクールAVIVAと資格スクール大栄を運営する㈱リンクアカデミーの代表取締役社長就任。2017年より㈱リンクアンドモチベーションの取締役として経営に携わる。

鬼頭　政人（きとう　まさと）

1981年生まれ、弁護士。

開成中学・高校（特別優等賞）を出た後、東京大学法学部卒業。

その後、慶應義塾大学法科大学院に進学し、在学中に司法試験に一発合格。

法律事務所等を経て、2013年12月、資格試験対策をオンラインで提供する「資格スクエア」を創業。


3ステップでもう挫折しない！

脱・三日坊主の資格勉強法

2018年2月1日　第1版第1刷発行

著者　小栗隆志
　　　鬼頭政人
発行者　山本継
発行所　㈱中央経済社
発売元　㈱中央経済グループパブリッシング

〒101-0051　東京都千代田区神田神保町1-31-2
電話　03（3293）3371（編集代表）
　　　03（3293）3381（営業代表）
http://www.chuokeizai.co.jp/
印刷／三英印刷㈱
製本／誠製本㈱

＊頁の「欠落」や「順序違い」などがありましたらお取り替えいたしますので発売元までご送付ください。（送料小社負担）

ISBN978-4-502-25631-8　C0034